【晉】杜 預 撰 【唐】陸德明 音義
年表【□】□ □ 撰 名號歸一圖【後蜀】馮繼先 撰

武英殿仿相臺岳氏本五經

春秋經傳集解 一

上海古籍出版社

據上海圖書館藏乾隆四十八年武英殿刻本影印原書版匡高二十點二厘米寬十三點五厘米

出版説明

張學謙

一、宋廖氏世綵堂九經

廖瑩中世綵堂九經刻於南宋理宗景定（一二六〇—一二六四）至度宗咸淳（一二六五—一二七四）年間，凡《周易》《尚書》《毛詩》《周禮》《禮記》《左傳》《論語》《孝經》《孟子》九種〔一〕，均爲經注附釋文本。周密《志雅堂雜鈔·書史》記其事云：

廖群玉諸書，則始於《開景福華編》……其後開九經，凡用十餘本對定，各委本經人點對，又圈句讀，極其精妙，皆以撫州單抄清江紙、造油烟墨印造，其裝飾至以泥金爲籤，然或者惜其删略經注爲可惜耳。〔二〕

廖氏九經乃據多種版本，經專人校勘、句讀而成，刻印精美、裝飾豪華。每卷末以篆文或八分字體刻「世綵廖氏刻梓家塾」木記，作長方、橢圓、亞字等形〔三〕，與今存世綵堂刻本《昌黎先生集》《河東先生集》相同，蓋爲廖氏刻書定式。至於「删略經注」的説法則不準確，廖氏删略者並非經注文字，而是陸德明《經典釋文》（詳後）。

廖刻《昌黎先生集》《河東先生集》書前均有《凡例》，述編校體例。九經亦附《九經總例》，詳辨諸本互異之處，分爲《書本》《字畫》《注文》《音釋》《句讀》《脱簡》《考異》，凡七則。〔四〕《九經總例》原書雖亦不存，但其内容保存在元人岳浚《相臺書塾刊正九經三傳沿革例》中，屬於鄭樵所説的「書有名亡實不亡」者。廖刻原無《公羊傳》《穀梁傳》及《春秋年表》《春秋名號歸一圖》，故《總例》未及。岳氏既增刻四書，又於《沿革例》卷末著明補刻原委，不與《總例》原文相亂。〔五〕

據《九經總例》所述，可概括出廖本九經的幾個特點：

（一）廣羅衆本，精於校勘。《九經總例·書本》列所用版本二十三種，「專屬本經名士，反覆參訂，始命良工入梓」。《注文》《脱簡》《考異》三則中列有例證。

（二）經注均加句讀。自五代監本以來，官刻經書均無句讀。建本始仿館閣校書之式，添加圈點，但也僅及經文。廖本以前，僅有蜀中字本及興國于氏本經文、注文皆加句讀。廖本又在二本基礎上加以修正，足資參考。

（三）節録音釋，隨音圈發。單經注本不附音釋，《釋文》自爲一書，讀者難於檢尋。建本、蜀中本將《釋文》散附注文之下，甚便翻閲，但又失於龐雜繁瑣。故廖本僅節録《釋文》難字音切（部分改爲直音），釋義、異文等多不取，極爲簡明。《大學》《中庸》《論語》《孟子》併附朱熹「文公音」（據《四書章句集注》）。對於多音字，在此字四角相應處加圈，以示平、上、去、入之别。

二、元盱郡重刊廖氏九經及相臺岳氏九經三傳

廖瑩中依附宋末權相賈似道。德祐元年（一二七五），賈氏事敗，廖瑩中仰藥

死，書板很快散落不存，元初已成罕見之本，今日則無一存者。幸而元代出現兩種翻刻本〔六〕，尚可藉以窺見廖本面貌。

一是盱郡刻本。現存《論語》《孟子》二種，毛氏汲古閣舊藏，後入内府，今藏臺北「故宫博物院」。有民國二十一年（一九三二）《天禄琳琅叢書》影印本及一九八五年臺北故宫博物院影印本。八行十八字，注文雙行小字同，細黑口，四周雙邊，有書耳。版心上有寫工名，下有刻工名。卷末木記刻「盱郡重刊廖氏善本」或「盱江重刊廖氏善本」，形狀亦仿廖本作長方、橢圓、亞字、鐘形等式。當時應是重刊廖氏九經及《總例》，時間在元英宗至治二年（一三二二）之前。〔七〕

另一種則是更爲著名的相臺岳氏刻本。此「相臺岳氏」，前人皆以爲南宋岳珂，經張政烺考證，始知乃元代荆谿（今江蘇宜興）岳浚。刊刻時間在大德（一二九七—一三〇七）末年，卷末木記刻「相臺岳氏刻梓荆谿家塾」。岳氏除翻刻廖本九經外，又增刻《公羊傳》《穀梁傳》，凡十一經，稱爲「九經三傳」，另附《春秋年表》《春秋名號歸一圖》。改《九經總例》之名爲《相臺書塾刊正九經三傳沿革例》，内容仍存其舊，僅於卷前增改小引，卷末增《公羊穀梁傳》《春秋年表》《春秋名號歸一圖》三則。岳本與盱郡本的行款、版式完全一致，字體風格、木記樣式近似，文字、句讀及圈發幾乎全同，可見兩者均能忠實反映廖本原貌。〔八〕

岳本九經三傳，現存者僅有《周易》（中國國家圖書館藏，《四庫》底本）、《周禮》（臺北「故宫博物院」藏，殘本）、《左傳》（國圖藏，卷十九、二十配他本；日本静嘉堂文庫藏，殘本）、《論語》（國圖藏）、《孝經》（國圖藏）、《孟子》（國圖藏）六經。〔九〕明代有翻刻岳本者，所刻經數不明，僅見《周禮》《左傳》《孝經》三種，且非一家所刻。《四部叢刊初編》影印明翻岳本《周禮》，行款、版式、字體均極似原本，版心刻工亦照刻，惟無木記爲異。但校勘欠精，注文、音釋多形似之誤。〔一〇〕明翻本《孝經》爲白口，四周雙邊，卷末有「湯仁甫刻字」一行。〔一一〕明翻本《左傳》爲白魚尾，版心刻「左傳卷×」，與原本不同，最易識别。

三、清乾隆武英殿仿刻相臺岳氏五經

相臺岳氏九經三傳中，乾隆内府舊藏有《周易》《尚書》《毛詩》《禮記》《左傳》《論語》《孝經》《孟子》八種。

其中《左傳》見於《天禄琳琅書目》（前編）卷一，入藏較早，原與「天禄琳琅」各書一併庋藏於乾清宫昭仁殿。其後復得《周易》《尚書》《毛詩》《禮記》四經，乃於乾隆四十八年（一七八三）「撤出昭仁殿之《春秋》，以還岳氏五經之舊，仍即殿之後廡，所謂慎儉德室者，分其一楹，名之曰『五經萃室』，都置一几。是舊者固不出昭仁殿，而新者亦弗闌入舊書中」。〔一二〕嘉慶二年（一七九七）十月，乾清宫大火，昭仁殿之天禄琳琅藏書及後廡「五經萃室」之岳本五經皆被焚毁。〔一三〕幸而乾隆四十八年高宗曾下旨仿刻五經，今日尚得窺其面貌。

《論語》《孝經》《孟子》則見於《天禄琳琅書目後編》卷三，乃嘉慶三年重建昭仁殿「天禄琳琅」後續入之「天禄繼鑑」書。此三經現均藏於中國國家圖書館，其中《論語》《孝經》已有《中華再造善本》影印本。

據乾隆武英殿仿岳本五經所摹藏印及《天禄琳琅書目後編》所載《論語》《孝經》《孟子》三書藏印，可考得内府八經的遞藏情況如下：

《周易》《尚書》《毛詩》《論語》《孟子》：李國壽→晉府→陳定→季振宜→徐乾學→内府。

《孝經》：李國壽→晉府→陳定→唐良士→季振宜→徐乾學→内府。

《禮記》：李國壽→晉府→内府。

《左傳》：項篤壽→季振宜→内府。

除《左傳》外，内府七經最初均爲李國壽所藏。李國壽生於元初，元代中期主要活動於江浙一帶，很可能與岳浚有交往，故岳本行世不久即爲其所得。〔一四〕

乾隆四十八年正月，高宗於昭仁殿後廡建「五經萃室」以貯岳本五經，並作《五經萃室記》以紀其事。又於正月內下旨，令永璇等「選員仿寫刊刻，並令校訂群經，別爲考證，附刊各卷之末」。至本年十一月，武英殿仿刻五經完竣，裝潢呈覽。〔一五〕其刊刻步驟是：先選派四庫館繕簽處的費振勳、羅錦森、王錫奎、王鵬、金應瑸、胡鈺、吴鼎颺、孫衡、虞衡寶九人據岳本原本摹寫，再交武英殿上版刊刻。武英殿翻岳本各卷末均於版框外下方刻一長條狀書耳，内刻「内閣中書臣費振勳敬書」「進士臣王鵬敬書」「舉人臣金應瑸敬書」等字樣。《周易》書前刻《五經萃室記》，各經前刻高宗爲各經所題詩。〔一六〕翻刻本將原本所鈐包括天禄琳琅諸印在内的歷代藏印一併摹刻，行款、版式、點畫一仍原本之舊。惟原本版心所標書名、卷數極爲簡略，如《周易》作「易×」，《左傳》作「秋×」（亦有作「某（公）第×」者），殿本統改作「周易×」「春秋×」，並於版心上方刻「乾隆四十八年武英殿仿宋本」。

高宗下旨時即令「校訂群經，別爲考證」，但岳本考證實際成於翻刻完成之後。

以《左傳》爲例，卷一考證：「十年，翬帥師會齊人、鄭人伐宋。註：明翬專行，非鄭之謀也。〇『鄭之謀』……原本『鄭』字乃『鄧』字之譌，依殿本改正。」卷五考證：「十四年，沙鹿崩。註：平陽元城縣東有沙鹿土山。〇案《晉書·地理志》元城屬陽平郡……原本及諸本訛作『平陽』，今依殿本改正。」卷五考證：「獲晉侯以厚歸也。註：君將晉侯入。〇案此乃秦伯自言，不當用『君』字，蓋係『若』字之訛，據殿本改。」卷七考證：「晉侯在外十九年矣。註：晉侯生十七年而亡，亡十九年而反，凡二十六年。〇案，十七年、十九年合之得三十六，『二』字乃『三』字之訛，依殿本改。」〔一七〕相應正文均有明顯的挖改痕跡。檢《中華再造善本》影印岳本《左傳》，此四處均與未挖改前文字相同。

岳本考證參校之本有北監本、汲古閣本（考證或稱「閣本」）、武英殿本、永懷堂本等，且多參用毛居正《六經正誤》之説。岳本《左傳》書前所附《春秋年表》《春秋名號歸一圖》則校以通志堂本，並參考《欽定春秋傳説彙纂》。各條考證出文均爲岳本原文，凡經考證岳本有誤者，翻刻本均改字（即《五經萃室聯句序》所謂「較岳刻而掃葉無譌」），且多有考證未明言改字而正文已改者。阮元校《十三經注疏》，岳本五經用武英殿翻刻本，即有因此而誤以翻刻改字爲岳本原文者。如岳本《周易·歸妹》象注「嫁而係姊」，考證「諸本作係娣」云云，未明言改字，而武英殿翻岳本實作「係娣」。阮校云：「嫁而係娣，岳本、閩、監、毛本同。」誤信翻岳本。因此，使用武英殿翻岳本，需注意核查考證出文。

道光以降，又出現多種殿本的翻刻本，如貴陽書局、廣州書局、成都書局、福建書局、琉璃廠、江南書局等，然或未刻璽印，或刊印不精，不及乾隆殿本遠甚。

總之，宋廖瑩中世綵堂刻本九經校勘細緻、刻印精美，經注均加句讀，又附圈發及簡明音釋，是一套上佳的經書讀本，可惜今已無傳本存世。元代有兩種翻刻本：盱郡刻本僅存《論語》《孟子》二經。相臺岳氏增刻爲九經三傳，今存《周易》《周禮》（殘本）《左傳》《論語》《孝經》《孟子》六經，《尚書》《毛詩》《禮記》三經僅賴乾隆翻刻本以存概貌。

上海古籍出版社今將上海圖書館藏清乾隆武英殿仿元相臺岳氏五經影印出版，以供研究者參考。底本書衣右下方有紅色戳記「丙辰年查過」，書中夾有愚齋圖書館藏書卡片（《四家詞鈔》），首頁鈐有「子文藏書」朱印。因知此書原爲盛宣懷愚齋圖書館舊藏，後歸宋子文，再歸上圖。一九一六年愚齋圖書館爲籌備開館而清點全部藏書，「丙辰年查過」戳記即此時加蓋。一九三三年以後，愚齋圖書館藏書分别捐贈聖約翰大學（後歸華東師範大學）、交通大學（後歸合肥師範學院、安徽師範大學）和山西銘賢學校（後歸山西農學院、山西農業大學）〔一八〕。聖約翰大學獲贈盛氏藏書乃經宋子文中介〔一九〕，故宋氏亦有所得。

〔一〕　張政烺《讀〈相臺書塾刊正九經三傳沿革例〉》，《張政烺文集·文史叢考》，北京：中華書局，二〇一二年，第三三四頁。

〔二〕［宋］周密《癸辛雜識・後集》「賈廖刊書」條亦記其事而文字略遜：「廖群玉諸書，則始《開景福華編》……九經本最佳，凡以數十種比校，百餘人校正而後成，以撫州萆抄紙、油烟墨印造，其裝褫至以泥金爲籤，然或者惜其删落諸經注爲可惜耳。」闕「又圈句讀」一句。又「萆抄」乃「單抄」形近之誤，元孔齊《静齋至正直記》卷二「白鹿紙」條云：「臨江亦造紙，似舊宋之單抄清江紙。」所謂「單抄」指抄紙時僅抄一次，幾種《癸辛雜識》點校本均未校正，故附識於此。

〔三〕［清］于敏中等撰、徐德明標點《天禄琳琅書目》卷一《宋版經部・春秋經傳集解》，上海：上海古籍出版社，二〇〇七年，第七—八頁。此本毁於清嘉慶二年乾清宫大火。

〔四〕［明］張萱等《内閣藏書目録》卷二《經部・九經總例》，民國《適園叢書》本，第一b頁。按：此目著録者應爲元旴郡翻刻本，然可反映廖本面貌。

〔五〕張政烺《讀〈相臺書塾刊正九經三傳沿革例〉》，第三一八頁。

〔六〕中國國家圖書館又藏一部元刻本《周禮》殘卷，版式、行款、句讀、圈發等均與岳本相同，字體亦近似，但非同一刻本。卷三末有鐘形木記，但未刻字，刻工與旴郡本亦無重合，或是另一種元代翻刻廖氏本。參見張麗娟《宋代經書注疏刊刻研究》，北京：北京大學出版社，二〇一三年，第一七二頁注。

〔七〕張政烺《讀〈相臺書塾刊正九經三傳沿革例〉》，第三一六—三一七頁。

〔八〕張麗娟《宋代經書注疏刊刻研究》，第一七三—一七四頁。

〔九〕《孝經》無木記，故張政烺懷疑並非岳本。然從刻工及諸經藏印的一致性看，《孝經》確是岳本。之所以無木記，或與卷末空間不足有關。此外，民國間《舊京書影》收録大連圖書館藏《周禮》零葉，爲内閣大庫舊書。史語所清理内閣大庫殘餘檔案，得《禮記》三葉、《周禮》四葉。以上零葉雖無木記可證，是元刻岳本可能性也較大。詳參張學謙《「岳本」補考》，《中國典籍與文化》二〇一五年第三期。

〔一〇〕王重民《中國善本書提要》，上海：上海古籍出版社，一九八三年，第一六頁。

〔一一〕傅增湘《藏園群書經眼録》卷一，北京：中華書局，二〇〇九年，第七六頁。

〔一二〕［清］高宗《五經萃室記》，《御製文二集》卷一四，《景印文淵閣四庫全書》本，臺北：商務印書館，一九八六年。按：文集有注，但未署時間。武英殿翻岳本書前亦附此記，無注，末署「癸卯新正月上澣御筆」。

〔一三〕劉薔《天禄琳琅研究》第一章《清宮「天禄琳琅」藏書始末》，北京：北京大學出版社，二〇一二年，第二八—三五頁。

〔一四〕詳參張學謙《「岳本」補考》。

〔一五〕《多羅儀郡王永璇等奏繕簽處費振勳等請旨分別議敘折》，中國第一歷史檔案館編《纂修四庫全書檔案》，上海：上海古籍出版社，一九九七年，第一八六七頁。

〔一六〕五詩末均署「癸卯新正月御筆」。題詩亦見《御製詩四集》（《景印文淵閣四庫全書》本）卷九四《題五經萃室岳珂宋版五經（有序）》，諸詩並有小注。

〔一七〕岳本考證所據「殿本」指乾隆四年至十二年武英殿刻《十三經注疏》。

〔一八〕周子美《愚齋藏書簡介》，《圖書館雜志》一九八三年第三期。吴平《盛宣懷與愚齋圖書館》，黄秀文主編《傳承·服務·創新——華東師範大學圖書館學術文存》，北京：北京圖書館出版社，二〇〇七年，第三〇一—三〇三頁。

〔一九〕鄭麥《盛宣懷與愚齋圖書館》，《華東師範大學學報》（哲學社會科學版）第三十四卷第四期（二〇〇二年七月）。

總目録

第一册

第二册

第三册

第四册

第五册

本冊目録

題宋版春秋

家塾荆溪宋梓聞相臺曾刻五經文舊收天祿春秋獨續合豐城四部羣吳楚

己未秋以視桓文斯正譎
之分尊王誰識宣尼旨廣
義豪釐謬實繁
癸卯新正月鴻筆

春秋序

春秋者魯史記之名也記事者以事繫日以日繫月以月繫時以時繫年所以紀遠近別同異也故史之所記必表年以首事年有四時故錯舉以爲所記之名也周禮有史官掌邦國四方之事達四方之志諸侯亦各有國史大事書之於策小事簡牘而已孟子曰楚謂之檮杌晉謂之乘而魯謂之春秋其

乾隆四十八年

實一也。乘去聲韓宣子適魯宣子名起。晉大夫。適魯在昭二年見易象與魯春秋。曰。周禮盡在魯矣。盡津忍反。後放此吾乃今知周公之德。與周之所以王。王于況反。又如字韓子所見。蓋周之舊典禮經也。周德既衰。官失其守。上之人不能使春秋昭明。赴告策書。告古毒反。又如字諸所記注。多違舊章。仲尼因魯史策書成文。考其眞僞。而志其典禮。上以遵周公之遺制。下以明將來之法。其教之所存文之所害則刊而正之以示勸戒其餘則皆即用舊史史有文質辭有詳略不必改也故傳曰其善志又曰非聖人孰能脩之蓋周公之志仲尼從而明之左丘明受經於仲尼以爲經者不刊之書也故傳或先經以始事○先去聲或後經以終義○後去聲或依經以辯理或錯經以合異隨義而發其例之所重○重去聲舊史遺文略不盡舉非聖人所脩之要故也身

爲國史躬覽載籍必廣記而備言之其文緩其旨遠將令學者原始要終（要平聲）尋其枝葉究其所窮優而柔之使自求之饜而飫之使自趨之（趨七住反又平聲）若江海之浸膏澤之潤渙然冰釋怡然理順然後爲得也其發凡以言例皆經國之常制周公之垂法史書之舊章仲尼從而脩之以成一經之通體其微顯闡幽裁成義類者皆據舊例而發義指行事以

正褒貶。諸稱書、不書、先書、故書、不言、不稱、書曰之類，皆所以起新舊，發大義，謂之變例。然亦有史所不書，即以爲義者，此蓋春秋新意。故傳不言凡，曲而暢之也。其經無義例，因行事而言，則傳直言其歸趣而已，趣去聲 非例也。故發傳之體有三，而爲例之情有五。爲于僞反，又如字 一曰微而顯，文見於此，而起義在彼。見音現，下同 稱族，尊君命；舍族，尊夫人。梁亡，城緣陵之類是也。（舍）音捨二曰志而晦。約言示制。推以知例。參會不地。與謀曰及之類是也。（參）音驂又音三（與）音預三曰。婉而成章。曲從義訓。以示大順。諸所諱辟。璧假許田之類是也。（辟）本作避音同後放此四曰。盡而不汙。（汙）音紆曲也直書其事。具文見意。丹楹刻桷。天王求車。齊侯獻捷之類是也。五曰懲惡而勸善。求名而亡。欲蓋而章。書齊豹盜。三叛人名之類是也。推此五體。以尋經傳。觸類而長之。〇長，上聲。附于二百四十二年行事。王道之正。人倫之紀備矣。或曰。春秋以錯文見義。若如所論。則經當有事同文異而無其義也。先儒所傳。皆不其然。荅曰。春秋雖以一字爲褒貶。然皆須數句以成言。〇數，色主反，下同。非如八卦之爻。可錯綜爲六十四也。固當依傳以爲斷。古今言左氏春秋者多矣。今其遺文可見者十數家。大體轉相祖述。進不成爲錯綜經

乾隆四十八年

文。以盡其變。退不守丘明之傳。於丘明之傳有所不通。皆没而不説。而更膚引公羊穀梁。適足自亂。預今所以爲異。專脩丘明之傳以釋經。經之條貫。必出於傳。○貫古亂反傳之義例。揔歸諸凡。推變例以正褒貶。簡二傳而去異端。○去上聲蓋丘明之志也。其有疑錯。則備論而闕之。以俟後賢。然劉子駿創通大義。賈景伯父子。許惠卿。皆先儒之美者也。末有潁子嚴者。雖淺近。亦復名家。復，扶又反，下同。故特舉劉賈許潁之違。以見同異。分經之年。與傳之年相附。比其義類。比，毗志反。各隨而解之。名曰經傳集解。又別集諸例。及地名。譜第。歷數。譜，布古反。相與爲部。凡四十部。十五卷。皆顯其異同。從而釋之。名曰釋例。將令學者觀其所聚異同之說。釋例詳之也。或曰。春秋之作。左傳及穀梁無明文。說者以爲仲尼自衛反魯。脩春秋。

立素王。王去聲。下王魯素王同丘明爲素臣。言公羊者。亦云黜周而王魯。危行言孫。以辟當時之害。故微其文。隱其義。公羊經止獲麟。而左氏經終孔丘卒。敢問所安。荅曰。異乎余所聞。仲尼曰。文王既沒。文不在茲乎。此制作之本意也。歎曰。鳳鳥不至。河不出圖。吾已矣夫。蓋傷時王之政也。麟鳳五靈。王者之嘉瑞也。今麟出非其時。虛其應而失其歸。此聖人所以爲感也絕筆於獲麟之一句者所感而起固所以爲終也曰然則春秋何始於魯隱公荅曰周平王東周之始王也隱公讓國之賢君也考乎其時則相接言乎其位則列國本乎其始則周公之祚胤也若平王能祈天永命紹開中興（中，丁仲反）隱公能弘宣祖業光啓王室則西周之美可尋文武之迹不隊是故因其歷數附其行事采周之舊以會成王義垂法將來。所書之王。即平王也。所用之歷。即周正也。所稱之公。即魯隱也。安在其黜周而王魯乎。子曰。如有用我者。吾其爲東周乎。此其義也。若夫制作之文。所以章往考來。情見乎辭。言高則旨遠。辭約則義微。此理之常。非隱之也。聖人包周身之防。〔防〕扶放反。又音房。既作之後。方復隱諱以辟患。非所聞也。子路欲使門人爲臣。孔子以爲欺天。而云仲尼素王。丘明素臣。又非通論也。先儒以爲制作三年。文成致麟。旣已妖妄。又引經以至仲尼卒。亦又近誣。據公羊經止獲麟。而左氏小邾射不在三叛之數。射音亦故余以爲感麟而作。作起獲麟。則文止於所起。爲得其實。至於反袂拭面。稱吾道窮。亦無取焉

相臺岳氏刻
梓荊谿家塾

己未

春秋年表

周　魯蔡曹衛滕晉鄭齊秦楚宋杞陳吳邾莒薛許

平四十平王隱公隱公自宣自桓自桓至魯自鄭自莊自僖至穆自武自穆自武自桓自太叔文至魯魯隱至魯至魯

王九年自西元年自姑僕考公終公完隱七侯二公寤公祿公任王十公和公十公鮑伯十克後文公公十隱十僖七

十九　惠公父三生三十三年見年入生入甫九好始九年八年一年二十九世爲子十八一年一年王見

年入　長庶十八十五年入滕侯春秋春秋年入見子入春入春三年至壽　年見見來見莊齊勛

春秋　子亦年入年入春秋卒　孝侯武公春秋春秋秋名秋八秋　入春夔入　庶其朝名公及

名息春秋春秋莊公　子邾子　莊公僖五熊通月卒　秋文春秋　穀莊許穀

戴侯穆公太子　都子　子年　曾兄宣　公長成六　三十至

子子　鄫曰　弟公子　子年　一年桓十

鄫侯　殤公　見卒五年

與夷　其後入許

立　至昭見穆

三十公新

乾隆四十八年

五十年	五十一年	桓王元年	二年	三年	四年	五年	六年
		平王太子	洩父之子				
十二年	十三年	十四年	十五年	十六年	十七年	十八年	十九年
						六月蔡桓	侯封人立
		三月弑弟	州吁自立	殺豊公晉	立桓公弟十二月卒		
						哀侯光立	鄂侯子
一年臣獻公卒							

甲戌

七年	八年	九年	十年	十一年	十二年	十三年	十四年
十年	十一年	桓公元年	二年	三年	四年	五年	六年
	十一月弒	桓公允立	惠公子				
宣公子							
曲沃武公	穪立莊伯	子		曲沃武公	伐翼逐于	汾隰小子	侯立哀侯
			正月弒殤	公子莊公	馮立		
						正月卒弟	厲公佗殺
	來朝						

十五年	十六年	十七年	十八年	十九年	二十年	二十一年	二十二年
七年	八年	九年	十年	十一年	十二年	十三年	十四年
			正月卒曹莊公射姑立桓公世子				
					十一月卒衛惠公朔立宣公太		
子曲沃伯誘殺之晉哀侯弟緡立							
				五月卒鄭昭公忽莊公太子宋納鄭			
							十二月卒
太子免立踰年弒免弟躍立亦爲厲公					八月卒太子免三弟長曰躍中		

甲申

二十三年	莊王元年	二年	三年	四年	五年	六年	七年
	葬桓王	太子					
十五年	十六年	十七年	十八年	莊公元年	二年	三年	四年
			四月薨	莊公同	公子立		
		六月卒	哀侯獻舞	莊公立桓侯弟			
子	出奔齊衛	黔牟立					
厲公突立	忽出奔衛	突奔忽復	歸弒立子	亹秋齊殺	之立子儀	昭公弟	
王襃公諂	[illegible]立						
					十二月卒	三月卒子閔公捷	文王熊貲立
曰林少白	杵臼林立	為鍾公		十月卒宣	公杵臼立		
入許							

甲午

八年	九年	十年	十一年	十二年	十三年	十四年	十五年
五年	六年	七年	八年	九年	十年	十一年	十二年
齊立惠公	黔牟奔周	惠公復入					
			十一月弒	無知立	雍殺無知	桓公小白	立襄公弟
立							
							八月弒子
郳犁來朝							

甲辰

僖王元年	二年	三年	四年	五年	惠王元年	二年	三年
僖王莊王	子				惠王僖王	子	
十三年	十四年	十五年	十六年	十七年	十八年	十九年	二十年
						卒	蔡穆侯肸
			同盟于幽				
		晉滅	曲沃武公三	十九年卒	晉獻公佹	諸立武公	子
	納厲公殺	子儀					
						六月卒	杜敖囏立
游立蕭殺	子游桓公	御說立					
			十二月卒	邾子瑣立			
			盟于幽				

乾隆四十八年 年表 四

武英殿仿宋本

甲寅

四年	五年	六年	七年	八年	九年	十年	十一年
二十一年	二十二年	二十三年	二十四年	二十五年	二十六年	二十七年	二十八年
哀侯卒							
		十一月卒	僖公夷立	莊公子			
				五月卒	衛懿公赤	惠公子	
五月卒鄭	文公捷立	厲公子					
弑成王頵	立一作惲						
							四月卒文

十二年	十三年	十四年	十五年	十六年	十七年	十八年	十九年
二十九年	三十年	三十一年	三十二年八月薨	閔公閔公元年啓方	二年裴公子八	僖公元年月弒僖公	二年申閔公無
			卒	昭公班立	僖公子		
					狄滅衛戴	公申立黔	弟衛文
公遼陰立							
		胃膳	卒				

甲子

二十年	二十一年	二十二年	二十三年	二十四年	二十五年	襄王元年	二年
						襄墊	李鄭
二十五年	二十六年	二十七年	二十八年	二十九年	三十年	三十一年	元年
兄立							
				七月卒	曹共公襄	立昭公子	
公燬立戴	公弟						
						九月卒立	奚齊殺及
		晉執虞公	媵秦穆	姬			
						正月卒太	子襄公茲
	夏卒僖公	業立					
				來朝			

甲戌

三年	四年	五年	六年	七年	八年	九年	十年
十一年	十二年	十三年	十四年	十五年	十六年	十七年	十八年
			冬卒	蔡莊公甲	午立穆侯	子	
卓子荀息	公夷吾立	閔公弟		秦獲晉侯	歸		
						十二月卒	子無詭殺
父立							
	十二月卒	子穆公歡	立				

甲申

十年	十一年	十二年	十三年	十四年	十五年	十六年	十七年
十九年	二十年	二十一年	二十二年	二十三年	二十四年	二十五年	二十六年
						四月卒衛成公鄭	
				九月卒晉懷公子圉立秦納文公重耳立			
辛年公昭槙公子							
				五月卒子成公王臣立十一月卒公弟桓公姑容立			

十九年	二十年	二十一年	二十二年	二十三年	二十四年	二十五年	二十六年
二十七年	二十八年	二十九年	三十年	三十一年	三十二年	三十三年	文公元年
						冬薨	文公興僖
立文公子	出奔楚復	歸晉人執	衛侯衛立	公子瑕殺	衛侯歸子	衛	
獻公子殺	懷公				十二月卒	晉襄公驩	立文公子
					四月卒鄭	穆公蘭立	文公子
六月弟	昭公潘立						
							十月弒子
來朝							
	六月李	共公盟					

二十七年	二十八年	二十九年	三十年	三十一年	三十二年	三十三年	頃王元年
							頃王壬臣立
二年	三年	四年	五年	六年	七年	八年	九年
公子立							
							八月卒
				八月卒靈公夷皐立襄公子			
				夏卒康公罃立穆公子			
穆王商臣立							
						四月卒昭公杵臼立	
			十月卒昭公錫我立				

甲辰

二年	三年	四年	五年	六年	匡王元年	二年	三年
子					匡王頃王	子	
十年	十一年	十二年	十三年	十四年	十五年	十六年	十七年
					卒	蔡公申	[illegible]侯蔡
曹文公壽	共公子						
		滕昭公來	朝				
				五月卒	舍立弒立	懿公商人	昭公弟
			卒	子莊王旅	立一名侶		
成公孚						十一月弒	弟文公鮑
		來朝					
			五月卒	靈公平國	立		
			五月卒	定公貜且	立		

甲寅

四年	五年	六年	定王元年	二年	三年	四年	五年
			定王匡王	弟			
十八年	宣公元年	二年	三年	四年	五年	六年	七年
二月公薨薨子	宣公倭文	公子立一	名接又作	委作倭			
		九月弒晉	成公黑臀	立襄公弟			
			十月靈	公夷弒	鄭襄公堅	立靈公庶	弟
五月弒兄	惠公元立						
二月卒共	公稻立康	公子一名	和	正月卒桓	公立共公	子	
立							
十月紀公	庶其弒子	季佗立					

甲子

六年	七年	八年	九年	十年	十一年	十二年	十三年
八年	九年	十年	十一年	十二年	十三年	十四年	十五年
						五月 卒	曹宣 公盧
	十月 卒 八月 卒 九月 卒	衛穆 公速 滕文 公立 晉景 公孺	立成 公子 立成 公子				
		四月 黃賓	公無 野立	惠公 子			
	五月 [illegible]楚	子文 閔去	子成 公卒	立			

甲戌

十四年	十五年	十六年	十七年	十八年	十九年	二十年	二十一年
十六年	十七年	十八年	成公元年	二年	三年	四年	五年
立文公子	正月卒 名盧	十月薨 蔡侯固	成公立 黑肱	宣公子			
				九月卒	衛定公臧	穆公子	
						三月悼	費立
		七月卒	莊王旅				
				八月卒	共公固		
	正月靈	甯立					

元年	二年	三年	四年	五年	六年	七年	八年
簡王元年	二年	三年	四年	五年	六年	七年	八年
簡王定王	子						
十六年	十七年	十八年	十九年	二十年	二十一年	二十二年	二十三年
							五月卒
				六月卒厲公州蒲立景公太子			
六月卒成公睔立悼公弟							
			十月卒靈公環立頃公子				
子壽夢立一曰乘							

甲申

九年　十年　十一年　十二年　十三年　十四年　靈王元年 靈璧闓王　二年 子

十四年　十五年　十六年　十七年　十八年 八月薨　襄公元年 襄公午成　二年 公子　三年

曹成十月 公負卒　衞立衞獻 宣公入衎　厲子竟四月 公子秦滕　成公原立

正月殺樗 公周章賁 公子　六月鄭僖 公髡頑立

十一月賁 公立 愼公 子

六月卒少 平 公成 立

莒子朱卒　一名遷立　公卒 卜公　十二月齊州 晏卒立文 宣公名貫 牼立朱鉏 齊朝

遷于葉

甲午

三年	四年	五年	六年	七年	八年	九年	十年
四年	五年	六年	七年	八年	九年	十年	十一年
成公子				十二月弒	簡公壹	僖公子	
三月卒	哀公盟	三月卒	孝公盟				
			穆公朔				

甲辰

武英殿仿宋本

十一年	十二年	十三年	十四年	十五年	十六年	十七年	十八年
十二年	十三年	十四年	十五年	十六年	十七年	十八年	十九年
						十二月卒	[illegible]公滕
		出奔齊	衛殤公剽	立定公弟			
			十一月卒	平公彪	立悼公子		
							七月卒莊
	九月卒子	康王昭立					
九月卒	子諸樊立	壽夢長子	一曰遏				
				晉執宣公	二月卒悼	公華	立
				晉執犂比	公		

甲寅

十九年	二十年	二十一年	二十二年	二十三年	二十四年	二十五年	二十六年
二十年	二十一年	二十二年	二十三年	二十四年	二十五年	二十六年	二十七年
立成公子							
						二月殺衛侯衎復	
公光立靈公子					五月弒景公杵臼立莊公異毋		
				三月卒弟文公益姑立			
					十二月卒弟餘祭立一名戴諸		
						八月卒悼公賁立	

二十七年	景王元年	二年	三年	四年	五年	六年	七年
二十八年	葬靈王 二十九年	子 三十年	三十一年 六月薨	昭公元年 昭公裯襄公子	二年 公子立	三年	四年
		四月 殺	蔡 般	景			
歸	五月卒	衛襄公惡	立獻公子			正月卒	悼公寧立
第							
十二月卒	子郟麇立		十一月弒	靈王	虔立	康王弟	名圍
犂比	五月弒	夷末立	一名餘昧	餘祭弟			
				六月 雍	公孫寧立		
			十一月弒	子麇 豐立	齊員 李	葊	公子立
						穆公來朝	

八年	九年	十年	十一年	十二年	十三年	十四年	十五年
五年	六年	七年	八年	九年	十年	十一年	十二年
						楚滅蔡	蔡平侯廬
		八月卒衛靈公元立襄公子					
					七月卒晉昭公夷立平公子		
							三月卒定
七月卒哀公立景公子							
					十二月卒子元公佐立		
	正月卒弟平公鬱釐立						
			四月縊楚滅陳封其大夫穿封戌爲陳公楚[illegible]				
				遷于夷			

甲戌

十六年	十七年	十八年	十九年	二十年	二十一年	二十二年	二十三年
十三年	十四年	十五年	十六年	十七年	十八年	十九年	二十年
景侯子							十一月卒大公子
	三月卒	平公須	武公子		三月卒	悼公午	平公子
			八月卒	頃公去	疾昭公	子	
公寧簡公子							
四月弒公	子比殺	平王熊居	即棄疾	靈王弟			
即位悼太	子之子吳	歸于陳立	是為惠公				
		三月卒	王僚立又	名州于夷	昧子		
	八月卒庚	輿立是為	共公				
						奔紀障	
					遷于白羽	五月卒斯	立
				來朝			

甲申

六年	五年	四年	三年	二年	敬王元年	二十五年	二十四年
二十八年	二十七年	二十六年	二十五年	二十四年	二十三年	二十二年	二十一年
			立悼侯弟	蔡昭侯申	夏六月卒	國立靈孫	蔡悼侯東
曹聲公野	十月卒						
七月卒							
四月[illegible]							
一名壬	王軫立	九月卒昭					
	曼立	子景公頭	十一月卒				
			悼公成立	八月卒子			
吳闔廬立	四月殺						
				郊公	來奔復納		

甲午

七年	八年	九年	十年	十一年	十二年	十三年	十四年
二十九年	三十年	三十一年	三十二年周釐十二	宋公定公二年宋昭	二年公弟	三年	四年
韓公弟			聲公殺	隱公通立	平公弟		隱公殺
騰公緒	立						
黨公是	六月公子	卒	晉是公卒	立頃公子			
珍							
							五月辛子
							三月辛卒
一名諸挈							
						三月隱	公益立
		四月獻公	穀卒子襄	公定立			

乾隆四十八年

十五年	十六年	十七年	十八年	十九年	二十年	二十一年	二十二年
十五年	十六年	十七年	十八年	十九年	二十年	二十一年	二十二年
靖公露立	聲公弟		三月卒	曹伯陽立	靖公子		
				四月聲卒	公勝獻	公子	
				秋卒惠公	衰公太	子之子	
隱公懷乞卒柳立	弟僖公過	立					
			七月卒	閔公越立			
							春卒比立
	鄭滅許以	斯歸元公	成立				

二十三年	二十四年	二十五年	二十六年	二十七年	二十八年	二十九年	三十年
十二年	十三年	十四年	襄公卒十五年	十六年	十七年	十八年	十九年
	五月	薨	襄公	公子燮立			
						二月	殺蔡侯般
			四月卒	衛公出輒	蠹	六月公太卒	子蒯隱公 聘季孫虞
					十月	襄	
				十月	韓	公立	惠公子
	五月 卒	來朝 晏差					
懿公寅立	二貴						
					執	小邾	子

甲寅

三十一年	三十二年	三十三年	三十四年	三十五年	三十六年	三十七年	三十八年
六年	七年	八年	九年	十年	十一年	十二年	十三年
元昭侯子							
		宋滅曹虜伯陽					
立							
孺子荼元	殺悼公陽生元景公子			三月弒簡公壬元悼公子			
七月卒子	惠王章元						
		十二月卒子閼公維立					
	來	歸		來奔			
				五月卒			
							夏卒

三年　章

武英殿仿宋本　年表

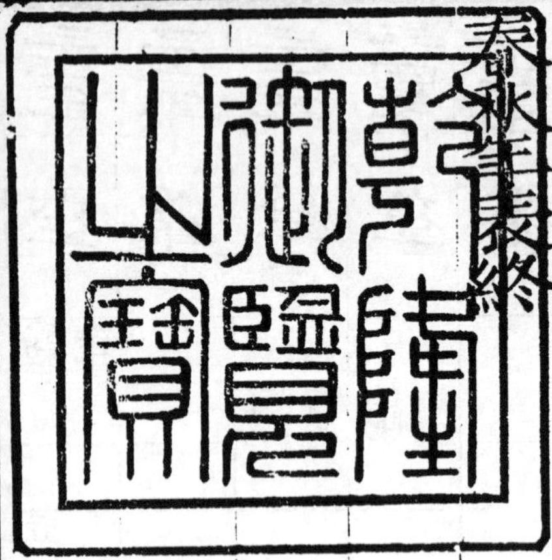

春秋年表終

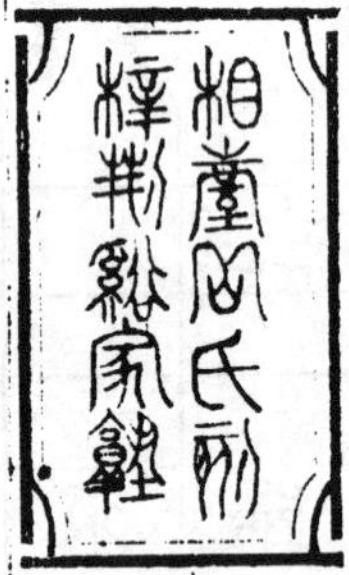

舉人臣金應璜敬書

春秋年表考證

杞自武公十一年入春秋。案傳說彙纂定本所列年表及列國興廢説皆云杞自東樓公四傳至武公二十九年入春秋爲魯隱公元年與原本異宋林堯叟輯二十國紀年自云當以杜氏年表爲正而于隱公始年紀杞則云東樓公五傳至武公十二年入春秋於僖公元年紀杞又云二十九年入春秋前後所紀不免異辭今並識於此

周惠王元年惠王僖王孫。通志堂本林氏列國紀年並與原本同而史記周本紀則云惠王乃僖王子案

僖王在位僅五年似嗣位不當有孫司馬氏去周未遠考據當詳於杜氏故彙纂定本從之謹據改

周桓王十一年曲沃武公伐翼。通志堂本伐作代訛

襄王九年齊無詭殺立孝公。史記齊世家長衛姬生無詭左傳作無虧

景王元年景王靈王。案周本紀及林氏王朝紀年皆云景王靈王子也原本脫子字應補

景王九年杞平公郁釐立。諸本皆同通志堂作都釐疑誤

春秋名號歸一圖卷上

魯　齊　晉

周 [illegible]苗裔后稷之後也武王伐紂[illegible]至幽王爲犬戎所殺謂之西周[illegible]遷洛邑謂之東周即春秋之[illegible]經傳有異呼者合而録之

[illegible]文王也見字

文王昌 註桓六　周文王 僖十九年文王

皇祖文王 哀二 並同

周桓公 隱六桓五　周公黑肩 桓十八

王子克 莊王弟　子儀 十八 並同桓

平王見序隱三年同　宜臼昭二十六年王名也

召康公僖四　召公奭爲周太保　召伯定九年傳引甘棠之詩

召穆公僖二十四　召公虎同上年註召穆公周之卿士

石速莊十九年王之元士也　膳夫同上年即石速也

蘇忿生隱十一　司寇蘇公武王時爲司寇同上年註

王子帶僖十一惠王之子襄王母弟也　叔帶僖二十四昭二十六　太叔

帶僖七　甘昭公僖二十四食邑於甘謚昭

周公閱文十四　宰孔僖五年註　宰周公僖九年經五年周公同

王子虎僖二十八王之卿士王叔同上年文三王叔文公文三

王卿士也虎名叔族文謚

叔興僖十六周內史也叔興父後爲大夫僖二十八年

蒍國莊十六周大夫子國同上年字也

陳嬀陳國嬀姓之女王后惠后並同莊十八年襄王子帶之母

王世子僖五年經王太子鄭同上年傳襄王僖二十四經云天王

同

虢仲桓八年王之卿士也虢公林父同上年

王季子宣十年天王母弟季子成公元年同 劉康公同上年食采於劉十五年同

樊皮莊二十九周大夫樊其采地皮名 樊仲皮莊公三十年

王札子宣十五年 王子札上註云王札子即王子札也 王子捷並同

王叔陳生襄十年王之卿士也 王叔同上年下云王叔氏

單公子愆期 成愆襄公三十年蔿邑大夫按釋例即一人也

芮伯文公元年周大夫也 芮良夫同上年

毛伯 毛國伯爵諸侯爲王卿士者也文元 毛伯衛 衛伯字也同上年

尹子 成十六年經王卿士者也文元 尹武公 經傳異文

劉夏 襄十五天子官師非卿也下云劉子 劉定公 昭元

原伯 昭十二年周大夫 原公 同上年

周甘人 昭九周大夫襄也

祈招 昭十二周大夫爲司馬掌兵甲之職招名也 圻父 同襄十六年

甘簡公之弟過 昭十二名過周之卿士 甘悼公 同上年悼公即過

甘過 襄三十年

單子 單襄公並同成元年十六年經傳異文

毛伯過昭十八周大夫

毛得同昭十八過之族 毛伯得昭二十六

景王昭十一

王猛昭二十二景王子也 王子猛同上年王子名猛 悼王並同上年

未即位追謚

劉獻公昭十三年定公之子王卿士名摯亦云劉子 劉摯昭二十二註

劉子摯同上年

原伯魯昭十八周大夫原伯魯之子昭二十九即伯魯也伯魯子上年註

伯蚠昭二十二劉獻公之庶子劉狄昭二十六劉蚠也劉文公昭二十三年劉卷杜云劉卷即劉蚠也定四

單子昭二十六單穆公昭二十二單旗單旗昭二十二年下云單子同或云單氏謂單子之家也

單子昭十一年成公同上年單子為王官伯

賓起昭二十二年王子朝之傅也賓孟同上年即賓起也

樊頃子昭二十二 樊齊名也同上年

王子朝昭二十二景王長庶子 西王昭二十三子朝在王城之西故謂西王

王子匄昭二十二子猛之母弟 東王昭二十三敬王居狄泉在王城之東故曰東王 敬王昭二十二年冬即位定五年殺王子朝于楚

召莊公昭二十二 召伯奐昭二十召莊公

召簡公昭二十四莊公子 召伯盈同上年註簡公

甘平公昭二十周卿士

甘桓公昭二十四甘氏下云甘氏又往矣即桓公也

尹氏固昭二十六王子朝之黨尹圉昭二十三尹文公也與尹固同是子朝之黨疑是一人

夷王昭二十六厲王父

宣王厲王子

幽王宣王子

伯服幽王少子褒姒所生攜王伯服

惠王平王六世孫

定王襄王孫

頃王　靈王定王孫並同上年

魯姬姓侯爵文王之子周公旦之後也周公翼戴天子輔相成王成王封其子伯禽爲魯侯至隱公十三君春秋之始也今據經傳有異文呼者合而言之

魯公文十二　禽父昭十二　伯禽定四周公之子始封之君

魯武公哀二十四　武公敖桓六註哀二十四註

仲子惠公夫人桓公之母宋武公之女隱元傳　惠公仲子隱元年經傳

子氏同上年傳仲子也　夫人子氏隱二

魯隱公 下云隱公同

魯隱 並見杜序公名息姑與桓閔文宣成襄經及傳不載故知而不書凡諸侯皆放此

費伯 隱元年魯大夫

費庈父 隱二年

聲子 惠公元妃姪娣隱公之母也隱元

君氏 隱公攝位不敢從正君之禮尊其母避正夫人故書曰君氏卒隱三

公子益師 隱元年經

衆父 益師字也經傳異文

公子彄 隱五年經孝公子

臧僖伯 同上年公子彄也謚僖

臧孫達 桓二年僖伯之子也

臧哀伯 同上年即臧孫達

臧孫辰莊二十八魯大夫　臧文仲莊十一

臧孫許宣十八文仲之子武仲之父成二年臧孫同　臧宣叔宣十八

臧武仲成十八魯大夫文仲之孫宣叔之子　臧紇襄四年臧武仲也　臧孫襄十四臧紇也下云臧氏並同

臧昭伯昭二十五臧爲之子也　臧孫同上年下云臧氏同呼族

公子展展氏祖　夷伯僖十五年展氏之祖父夷謚伯字經震夷伯之廟

無駭隱二年經魯卿未賜族者也　司空無駭同上年傳　展氏隱八年無駭卒公賜族曰展氏賜族之始

展禽魯大夫僖二十六柳下惠並同上年名獲字禽柳下食邑謚惠按血脉圖盜跖之兄也按莊子即柳下季也

公子翬隱四年十年魯大夫既去族下皆同羽父同上年字也

子同桓六年桓公子莊公文姜所生莊公春秋十二公唯莊僖昭定名謚見傳

夫人姜氏桓三桓六夫人齊女也文姜桓六

公子慶父莊二年三十二年慶父同仲慶父莊八共仲閔二

公孫敖僖十五慶父之子也魯大夫孟穆伯文元年下云穆伯同

文伯文十四穆伯之子穀也穀文元文十四

公子遂僖二十六魯卿莊公之子公孫敖從父昆弟襄仲文七東門襄仲僖二十六年襄仲居東門故曰東門襄仲東門遂襄公二十三

東門氏同上年仲文十八年傳仲即襄仲也仲遂宣八經

公孫歸父宣十襄仲之子也子家同上年字也東門氏呼其族也宣十八逐東門氏即歸父也

仲嬰齊成十五年襄仲子公孫歸父弟宣十八年逐東門氏又使嬰齊紹其後曰仲氏

公子牙莊三十二同母弟叔牙僖叔叔孫氏並同上年

公孫茲僖四經叔牙子也 叔孫戴伯同上年戴氏也

叔孫得臣文元叔牙之孫 莊叔文三昭五

叔彭生文十一經註叔仲惠伯叔牙孫 叔仲惠伯同上年傳文十八註文七文十四

叔孫舒哀二十六武叔之子 文子同上年

公子友莊二十五魯上卿莊公之母弟 季子公子友字閔元 季友莊三十二 成季友昭三十二

季文子文十八季友之孫魯之宗卿季孫行父也下云文子同 季孫行

父上年同經下傳云行父

季孫宿襄六行父之子魯之正卿也季武子同上年

公彌襄二十三季武子長庶子也公鉏公鉏上註

悼子襄二十三季武子庶子紇平子父也悼子紇註季悼子昭十

二

季孫平子昭九年季孫意如季孫意如昭十三平子季

孫並同上年季氏昭二十六

季孫斯定五年平子意如子桓子季桓子桓子同上年

南孺子哀三季桓子之妻南氏同上年

季康子哀八桓子之子肥肥哀三

公父歜定五年季桓子從父昆弟父文伯公父文伯同上年

公山不狃定五年季氏臣費宰子洩也費宰子洩同上年洩亦作泄

鍼巫莊三十二魯大夫傳云鍼巫氏謂其家也鍼季並同

公子魚閔二奚斯也奚斯同上年

夫人風氏文四莊公妃僖公之母魯之附庸須句國之女成風文五

夫人姜氏哀姜莊公夫人莊二十四**哀姜**上年同傳**夫人氏**僖元年經不言姜闕文

子子在喪之稱也文公子惡文十八年經書子卒**惡**傳云殺惡註惡太子上年同

公子買僖二十八經魯大夫**子叢**同上年經傳異文

婦姜文四年有姑之稱**夫人姜氏**文十八惡視之母出姜也**出姜**上年同註文公薨而見出故曰出姜**哀姜**上年同傳東門至即出姜也

惠叔文元文伯弟名難**難**文元文七

仲孫蔑文十四文伯穀之子**孟獻子**文十五

仲孫羯 襄二十三孟莊子速之庶子孺子秩之弟孝伯也 孟孝伯 同上

年襄三十一年 孝伯 同上年 孟孫 同上年

子服昭伯 昭十六惠伯之子子服回 子服回 同上年

敬嬴 文十八文公妃宣公母 夫人嬴氏 宣八

僖公 閔二莊公之子成風所生閔公庶兄也 魯申 定四年

公孫嬰齊 成二叔肸之子魯大夫 子叔聲伯 成六 聲伯 成八

嬰齊 成十六 子叔嬰齊 同上年

叔老 襄十四聲伯子也 子叔齊子 同上年子叔族也齊子字也襄十六

年云齊子

叔弓昭三叔老子也敬子同上年子叔子昭二

宣伯文十一成八叔孫得臣之子僑如叔孫僑如成二僑如成十六叔孫宣伯成六叔孫氏襄二十三呼其家也

叔孫豹成十六僑如之弟也叔孫穆子襄二十八下云叔孫皆同二十七二十九唯云穆子皆同穆叔襄公二年

叔孫不敢定元年武叔之父下云不敢同叔孫成子定十年下云成子同

叔孫氏定八武叔上年註叔孫不敢之子州仇也同上後註叔孫武叔州仇哀十一註州仇同上年叔孫武叔哀十一註叔孫同上年武叔懿子定十子叔孫同上年

叔孫輒定十二年叔孫氏族恨叔孫不禮叛而出奔子張字也哀八年奔在吳

公若藐定十叔孫氏之族郈宰公若同上年

伯姬成九年穆姜之女成公之姊妹共姬襄三十年在魯曰伯姬嫁爲宋共公夫人故曰共姬從夫之謚也

郰人紇襄十年郰邑大夫仲尼父叔梁紇也叔梁紇註郰叔紇

襄十七年

厚成叔襄十四年後改爲郈氏名瘠厚孫同上年稱其族也瘠同上

公子裯襄三十一敬歸之娣齊歸之子昭公名裯父昭二十五魯昭公上註

孟莊子襄十六獻子之子魯公族大夫孟孺子速同上年莊子速同上年

仲孫速襄二十孟氏本出共仲故族稱仲孫亦曰孟孫

昭子 昭四昭十叔孫豹之庶子 叔孫婼 同上年註昭二十五 叔孫昭子 同上年 叔孫 昭二十三二十四 叔孫氏 昭二十五

孔子 序 素王 今古皆云見序 仲尼 散在諸卷 孔丘 序定十哀十六

尼父 哀十六

孟椒 襄二十三孟獻子之孫子服惠伯 子服惠伯 同上年 子服椒 昭三 惠伯 同上年 子服湫 昭十三湫子服惠伯 子服子 襄二十八 子服氏 昭十六族也

閔子馬 襄二十三魯大夫閔馬父 閔馬父 同上年註昭十八二十六

叔仲帶 襄三十一叔仲小之父也 叔仲父 襄二十八 叔仲昭伯

襄七叔仲惠伯之孫 叔仲昭子 昭四叔仲帶也

榮駕鵝 定元年魯大夫 榮成伯 同上年

孟丙 昭四年叔孫豹之子 孟 同上年下皆呼孟

仲壬 孟丙之弟同昭四年 仲 亦同上年下云仲者皆仲壬也

孟僖子 昭七仲孫貜也 仲孫貜 昭九

孟懿子 昭二十五孟僖子之子仲孫何忌 仲孫何忌 同上年 何忌

昭七 孟孫 定元

仲孫閱襄三年僖子之子南宮敬叔南宮敬叔昭十一哀三孔子弟子也下云敬叔並同

孟孺子哀十一孟懿子之子孟孺子洩武伯彘孟孺子洩同上年下云右師同右師孟武伯哀十四註孟孫同上年武伯彘

孟孫並哀十一

子家懿伯昭二十五年註云子家懿伯羈莊公玄孫子家羈昭公十五二莊公玄孫下註云羈也自稱子家子並同上年子家氏定元

齊歸襄三十一昭公之母胡女也齊謚歸姓夫人歸氏昭十一經小

君齊歸昭十一

叔仲小昭十二叔仲帶之子叔仲子當世所呼叔仲穆子同上年

南蒯昭十二南遺之子季氏費邑宰南氏昭十三

琴張琴牢子開並同昭二十年孔子弟子也

叔輒昭二十一叔弓之子伯張伯張子叔並同上年

公子宋定元昭公弟定公同上年宋父昭二十五

季公若昭二十五下云公若季公亥公亥即公若也同上年

秦遄之妻昭二十五 秦姬昭二十五年

郈昭伯昭二十五年 郈孫同上年下云郈氏同

公爲昭二十五昭公子務人 務人昭二十九 公叔務人哀十一

洩聲子昭二十六魯大夫下云聲子同 野洩同上年字亦作泄同

苫夷定七季氏家臣 苫越定八

公歛處父定七孟氏家臣成宰公歛陽 公歛陽上註

季孫寤 季寤季桓子之弟 子言字也並同定八年

定姒定十五定公夫人 姒氏同上年

子服何哀三十二子服景伯子服景伯同上年景伯哀十

顏羽哀十一孟氏臣字子羽子羽同上年

樊遲哀十一孔子弟子樊須字子遲樊須上註下云須也同

冉求哀十一三十三求名字子有孔子弟子冉有有子並哀十一

孟之側哀十一年孟氏族子反哀十一或云字反何論云孟之反

子貢定十五衛人姓端木名賜孔子弟子衛賜端木賜見上

公孫成哀十五公孫氏爲孟氏成邑宰下大成皆同公孫宿宿即名也

哀十四

公子寧哀二年哀十七公子也　悼公同上年

公子有山哀二十四年季孫之黨　公孫有山氏哀二十七公自其家出遜于邾故呼其家

齊姜姓侯爵太公望之後也其先四岳佐禹有功遂封於呂故太公曰呂望也太公股肱周室成王封其子呂伋爲齊侯僖公九年即隱之元年也今據經傳有異呼者合而言之

呂伋昭十二太公望之子　齊丁公丁伋謚也襄二十五

齊侯祿父桓十四　齊僖公桓十五經

弟年隱七季仲年同上年傳齊仲年桓三

諸兒莊八經齊襄公莊九經

公子小白莊八齊小白莊九齊侯小白僖十七齊桓

公莊九或云齊桓僖十九

王姬莊十一冬嫁爲齊桓夫人魯主婚也見經共姬莊十一此與齊姜並不從

夫人之謚

鮑叔牙莊八年傳小白正卿也鮑叔莊九年

鮑牽成十七鮑叔牙曾孫鮑莊子同上年

鮑國成十七牽之弟齊人於魯召而立之定九年鮑子九十餘鮑文子同上年註

管仲莊八年管仲夷吾夷吾同上年管敬仲閔元年

齊無知莊八年經公孫無知同上年傳無知仲孫昭四與仲孫湫同呼族也

高傒莊二十二齊卿惠公族高子閔二敬仲襄二十九

高固宣五齊大夫下云高子同高宣子宣十四年

高止襄二十九高厚之子高子容同上年高氏同上年

公孫蠆襄二十九蠆子尾齊大夫 子尾襄二十八高子尾 子尾氏

高彊昭八昭十子尾之子 子良孺子同昭八謂其幼也 子良氏

昭八呼其家也

高張昭二十九高偃子 高昭子哀五年

公子完莊二十二陳公子完 敬仲上年同自陳奔齊國

仲孫齊大夫閔元年適魯還齊使齊桓務寧魯難桓公善其言魯人嘉之不名 仲

孫湫同上年湫即名也

公子昭僖十七桓公子也 齊孝公僖二十二年

公子潘僖十七桓公子　齊侯潘文十四　齊昭公　齊潘定四年

公子無虧桓公子也閔二　武孟閔二年

雍巫雍人名巫僖十七　易牙同上年字也

國歸父僖二十九年　國莊子僖三十三下云國子族也

國佐齊上卿宣十　國子成十七　國武子並同上年　賓媚人成二年國佐也

國弱成十八佐之孫　國景子襄二十六　國子同上

國夏哀三國惠子哀五惠子哀六

國姜昭四國氏姜姓魯大夫叔孫豹之妻國氏北婦人並同上年齊在魯之北故豎牛云

公子商人僖公十七齊懿公文十八商人同上年

公子元僖十七齊侯元宣十齊惠公文十四十八年惠公同

子叔姬文十四魯女齊侯舍之母叔姬傳昭姬並同上年齊昭公夫人從夫之謚

豎貂僖三年寺人貂同上年十七年同

晏弱宣十五桓子晏嬰父也世呼晏子　晏桓子宣十四

晏嬰襄二十五晏弱之子大夫　晏子嬰襄十七世呼晏子　晏平仲

襄二十三

齊侯無野成九年經　頃公成二年傳

齊侯環襄十九　齊環襄十八靈公名　靈公上年同註

太子光靈公太子襄元　世子光襄二　齊莊公襄十

陳文子襄二十三二十八　陳無須襄二十七

陳桓子襄二十八年　陳無宇襄六二十四文子之子

孫書昭十九陳無宇之子子占也子占同上年書哀十一陳僖子謂其弟書

陳武子昭二十六年子彊字也並同上年

陳乞哀四下云陳子皆同陳僖子同上年六年同

陳恒哀十四陳成子同上年陳常兄弟八人昭子莊簡子齒宣子夲穆子安廩丘子意茲子芒盈惠子得陳常同上年大夫陳子哀二十七

陳逆哀十四子行陳氏宗也子行同上年

陳瓘哀十五大夫陳恆之兄子玉 子玉同上年

析文子襄十八齊大夫子家 子家同上年 析歸父襄二十三

崔杼襄元諸卷皆云崔子 崔子 崔武子謚也襄二年

華還襄二十三年齊大夫 華周同上年即華還也

杞殖襄二十三年齊大夫 杞梁同上年即杞殖也

棠姜襄二十五下云姜氏同 東郭姜同上年

慶封襄二十五崔杼黨 慶季襄二十八季字也 子家亦字也 慶

氏並同上年

北郭佐襄二十八冬齊大夫北郭子車同上年下云子車皆同

慶舍慶封子也代父專政子之字也並同襄二十八年

慶嗣襄二十八慶封之族子息同上年慶嗣

慶奊襄二十八慶繩同上年慶奊

公孫蠆襄二十九子雅子雅襄二十八欒子雅惠公族

欒施昭十年正卿也大夫子雅之子子旗昭八年字也

公孫明昭四年齊大夫子明字也北婦人之客謂子明也並同上年

公子固昭八子尾之屬子成頃公子也子成同上年

子工昭八子成之弟鑄也鑄同上年

子車昭八頃公之孫捷也捷 公孫捷昭十 子淵捷昭二十六年下云淵捷同

公孫青昭二十頃公之孫子石同上年

梁丘據昭二十嬖大夫子猶同上年二十六年字也

子囊帶昭二十六齊大夫囊帶囊帶同上年註

齊侯杵臼襄二十五立哀五年卒在位五十九年齊景公魯叔孫僑

如奔納女於靈公生景公

鬻姒之子荼哀五年下云荼皆同君荼哀六年陳乞弒其君荼孺

子六年註云孺子同、安孺子哀八年杜云安號也

公子陽生哀五年六年齊陽生哀六年經陽生同上年傳悼

公同上年齊侯陽生哀十註齊悼公哀八

弦施哀四至六年奔魯弦多哀十一年

公子鉏昭二十六哀五南郭且于且于即鉏也哀五年奔魯居於南郭

故曰南郭且于哀六

闞止哀六陽生家臣子我也簡公寵之以國政致陳恒弒並在十四年子我哀六年十四年

壬哀六悼公之子簡公齊簡公哀十四君壬陳恒弒其君壬並同哀十四

齊侯敬哀十七年註簡公弟齊侯同上年

宗樓哀十一宗子陽同上年子陽註

大陸子方哀十四子我臣東郭賈即子方也

顏庚哀二十三齊大夫顏涿聚顏涿聚同上年注哀二十七

晉姬姓侯爵武王之子唐叔虞所封之國也成王封母弟虞於唐燮父改唐爲晉

昭侯封桓叔於曲沃相襲至武公遂幷宗國爲晉侯今合而録之

唐叔昭十五始封之君　唐叔虞桓六昭元　叔虞昭元唐之季世其君曰叔虞叔虞成王之母弟太叔　太叔　晉侯同上年注

僖侯桓六　司徒同上年名也晉廢司徒之官爲改中軍避僖侯之諱也

太子仇桓二穆侯之太子文侯也　文侯同上年　文侯仇昭二十三

注

成師桓二　桓叔同上年　曲沃伯同上年晉文侯卒子昭侯立元年危

不自安故封桓叔爲曲沃伯

曲沃莊伯桓二桓叔子桓叔卒立莊伯襲父之爵亦爲曲沃伯

曲沃伯莊十六年武公襲父之爵亦爲曲沃伯

曲沃武公桓三莊伯之子莊伯卒武公立

晉武公莊十六年曲沃武公遂并晉國僖王因使虢公以君命命爲晉侯即獻公之父文公重耳之祖也

晉侯同上年

晉獻公僖九年武公之子也

晉侯佹諸名也同上年

太子申生僖五年傳

世子申生僖五年經

太子僖四僖十共太子僖十

共子昭二十八

晉申生同上年註

荀息僖二晉大夫 荀叔僖九年

驪姬莊二十八 姬氏僖公四年

卓子莊二十八僖九驪姬之娣生卓子 公卓子僖九

夷吾莊二十八獻公子小戎子生夷吾僖九 晉侯夷吾僖二十四經

晉惠公僖九二十三 惠公僖十五 晉侯晉君同上年

懷嬴僖二十二秦女先妻子圉子圉謚懷公故曰懷嬴 嬴女同上年 辰

嬴後妻文公生公子樂謚曰辰嬴文六

太子圉僖十七惠公太子懷公 子圉 圉同上年 懷公僖十

五年註二十三二十四　孺子　僖五

公子重耳　莊二十八獻公子犬戎狐姬生僖九二十三　晉公子　僖二十三

晉重耳　定四　晉文公　同上年　文公　僖三十八

韓簡　僖十五韓萬之孫　定伯　國語諡也

寺人披　僖五年　寺人勃鞮　僖二十五

司空季子　僖二十三胥臣曰季也　胥臣　名也同上年　臼季　僖三十三食采於臼

瑕呂飴甥　僖十五即呂甥也蓋姓瑕呂名飴甥字子金　呂甥子金

同上年 瑕甥僖二十四 陰飴甥僖十五食采於陰

趙衰僖二十三正卿也趙盾之父 子餘僖二十四字也 趙成子文五

謚也 成季文六 孟子餘昭元年 原大夫僖二十五

原同僖二十四季隗生原邑也 原叔宣十五 趙同宣十二

屛括僖二十四季隗生同之第屛邑 屛季宣二 公族大夫同上年

樓嬰僖二十四括之第樓邑 趙嬰成四 趙嬰齊宣十二

頭須僖二十四一曰里鳧須 里鳧須同上年註

趙盾文六傳宣二經叔隗生 盾僖二十三 趙宣子 宣子同上

年宣二**宣孟**成八

趙武襄十八正卿也朔之子盾之孫莊姬所生也**趙文子**襄二十五二十六

趙孟襄三十一

趙朔宣十二盾之子**趙莊子**並同上年

趙成昭五昭七**趙景子**昭七

趙鞅昭二十五執政上卿**志父**哀二簡子之一名也定公十三年避范中行氏出奔晉侯召歸復位改名志父**趙簡子**昭二十五**先主**哀二十年無恤呼簡子

無恤哀二十鞅之子簡子廢嫡子伯魯而立襄子　襄子哀二十七　趙孟哀二十年當世所呼

趙姬僖二十四文公女成公之姊趙衰妻也宣二　君姬氏同上年

趙莊姬成四成八晉成公女趙朔妻　姬氏同上年　孟姬成十七

趙旃宣十二　趙傁同上年老稱

邯鄲午定十三　趙午國語十五註

狐突閔二年晉大夫文公外祖狐毛狐偃之父也　伯行同上年

狐偃僖二十三狐突之子　子犯同上年字也　舅氏僖二十四子犯重耳

舅也

舅犯國語十

狐射姑文六年狐偃之子 賈季同上年食采於賈字季

狐鞫居文二年 續簡伯同上 續鞫居文六

狐庸成七巫臣之子父子自楚奔晉 邢伯襄十八晉大夫 屈狐庸襄三十一

邢侯襄十八昭十四

介推僖二十四年 介之推同上

先軫僖二十八三十二 原軫同上年食采於原

先蔑文六士伯也 士伯文七

先且居先軫之子僖三十三　霍伯文五年先軫之子食采於霍

先穀宣十二年中軍佐也　原穀同上　彘季與士魴同字　彘子並同上年

欒枝僖二十七二十八　欒貞子僖二十七註文五

欒書宣十二年盾之子黶之父　欒伯同上年當世所呼成二年同　欒武子並同上年襄十四年武子同

弁糾成十八　欒糾同上年

欒黶成十七欒書之子　欒桓子襄二十二　欒伯襄十四　桓主

襄二十一卿士曰主

欒盈襄十八黶之子也　欒懷子襄二十一　陪臣盈襄二十一自稱

欒孺子襄二十二下欒氏同

魏犨僖二十七年畢萬之子也　魏武子僖二十七年

陽處父僖三十二年　晉處父文二　太傅陽子文六下云陽子同

郤缺僖三十三郤萬之子　冀缺同上年　郤成子文十三

郤克宣十七下云郤子同　郤子　郤獻子同上年成二　郤伯

成二

駒伯宣十二國語十二與郤錡同

郤犨成十一年郤克從父兄弟苦成叔成十四年晉卿士也苦成同上

年

郤錡成十三郤克子卿士也下云郤子同駒伯與郤克同成十七

郤至成二年三郤皆正卿溫季成十六年新軍佐季子字也成十七年

郤毅成十三郤至弟步毅成十六

韓武子唐宰相世系韓厥之父也子輿成二字也

韓厥宣十二韓萬玄孫韓獻子同上年

韓無忌成十八韓厥子襄七公族穆子襄七年爲公族大夫下云穆子同

韓起襄七無忌弟宣子士起襄二十六大夫入天子之國則稱士韓宣子同上年

韓不信昭三十二年韓起之孫伯音字也同上年韓簡子同上年定元年

士會文六士蔿之孫將中軍加太傅士季文七隨季文六註食采於隨字季隨會文十三季氏宣十六年呼其字氏隨武子僖二十八

宣十二武謚也范武子成十八初封隨後改封范故互而言之或曰隨武子或曰范武子其後有范文子士燮范宣子士匄范獻子士鞅皆爲執政上卿襄十七

范會

士貞士渥濁宣十二士伯宣十五士貞伯成五士渥濁成十八

范文子成二士燮同上范叔同上燮宣十七文子襄二十六

范匄成十六年自稱匄也同士匄成十七范宣子成十八年文子之子

士魴成十八彘季同上年與先縠同字

士弱襄九士渥濁之子莊子或云士弱氏士莊子同上年士莊伯

襄公二十五與巳前鞏朔同謚士鞅襄十四士匄之子上卿也鞅也同范鞅襄十八昭五范叔襄二十九范獻子同上代魏舒將中軍

士文伯襄三十士弱子伯瑕同上年昭十二

士景伯昭十三士文伯之子彌牟士伯昭二十三字與士貞子同彌牟

昭十三士彌牟昭二十三司馬彌牟鄔大夫昭二十八年

范吉射定十三士鞅子下云范氏士吉射同上年范昭子同上年哀五昭子同

范皋夷定十三范氏側室子也士皋夷哀三年

荀林父僖二十七中行桓子中行氏之祖也荀伯文七伯氏宣十五伯字也桓子同上年中行桓子宣六桓子始將中軍自此以爲族世稱中行中行伯宣十五成二年皆曰中行伯自後子孫襲將中行者皆曰中行伯爵也與字義乖

荀首宣十二林父弟趙同趙嬰兄知氏之先與中行同祖自此分族稱知氏知

莊子 知季 同上年

荀罃 成三荀首之子 知武子 襄十四 知伯 成十八襄十三

荀庚 成三林父之子 中行伯 同上年襲將中行

荀偃 成十六荀庚子中軍帥 中行偃 成十七 官臣偃 襄十八自誓 中行伯 襄十四 伯游 襄十三字也 中行獻子 襄十六十八 獻子 中行氏 襄二十三族也

荀盈 襄二十七知罃之子晉上卿也 知盈 昭五 知氏 昭九 伯夙 襄二十七 知悼子 襄二十三

荀吳襄二十六林父之孫偃之子中行伯國語十五自林父至吳三世襲將中行故族稱中行氏中行吳昭五穆子昭十二中行穆子同上年襄二十六

荀躒昭九年荀盈之子下軍佐也知躒昭二十六丁云知氏同知伯昭二十一知文子定十四

荀寅定十三昭二十九中行荀吳之子下卿將中軍中行寅昭二十九中行文子定十三

荀瑤哀二十三荀躒之子知伯襄子知伯豫讓主也知伯襄子

並同上年

箕鄭文九註 箕鄭父文八文九

胥甲文公十二胥臣之子 胥甲父宣元

晉靈公宣二 夷皋同上年經云弒其君夷皋

公子黑臀宣二年文公之子也 成公同上 晉侯黑臀宣九

丕鄭僖十 丕鄭父僖十一經

晉侯驩文六 晉襄公文二文六 子僖三十三年傳曰子墨衰經謂襄公也公未葬故曰子

魏錡宣十二年魏犨之子　廚武子宣十二　呂錡成十六魏錡也即呂相父

呂相成十三魏錡之子　魏相成十八

魏絳襄三　魏莊子襄四獻子之父也

魏舒魏絳之子執政大夫昭二十八　魏獻子同上年下云魏子同

魏曼多定十三　魏襄子同上年

詹嘉文十三　瑕嘉成元年詹嘉處瑕故曰瑕嘉

解張成二年　張侯同上年

晉景公成十年 晉侯獳同上年

晉侯成十年經太子也景公在州蒲生代父稱爵失人子之禮也 太子州蒲傳 晉厲公成十三 君州蒲十八年經弑其君州蒲

孫周成十七晉襄公曾孫悼公 周子十八 晉侯周襄十五 悼公

周成十八 晉悼公襄十六

羊舌大夫閔二年爲太子申生軍尉叔向祖父也

羊舌職成十八佐祁奚伯華叔向之父叔魚叔虎皆庶子也

羊舌赤襄三職之子叔向之兄 伯華同上年註字也 銅鞮伯華

昭五銅鞮所封之邑也

羊舌肸昭五年羊舌職之子也叔向襄十四叔肸襄十一叔

譽禮記趙文子與叔譽觀九原叔譽叔向也

羊舌虎襄二十一下云虎也同叔向庶弟也叔虎同上年

羊舌鮒昭十三叔向庶弟也叔鮒同上年下云鮒也同叔魚字也並同

十三

晉平公襄十八註曾臣彪襄十八傳晉侯彪昭十

申公巫臣宣十二本楚大夫出奔仕晉晉以爲邢邑大夫下晉臣同屈巫

成二子靈昭二十八

樂王鮒襄二十一嬖大夫也王鮒同上年鮒昭元年樂桓子同上年

祁奚襄三晉大夫祁大夫國語

女齊襄二十司馬侯下云齊也襄二十九司馬侯襄二十六昭元女叔齊昭五叔齊昭元女叔侯襄二十八叔侯同上年

女寬昭二十六大夫女叔寬定元年

師曠襄十八昭八子野字也昭八工昭九傳曰酌以飲工工謂樂師師曠

也

燮叔昭九外燮外都大夫公之燮者傳曰公欲廢知氏而立其外燮禮記謂之李調是也

輦朔 輦伯 士莊伯並同成二年下與士弱同謚

楊石昭五叔向子食我食我同上年 楊食我 伯石並昭二十八

張趯昭三大夫也 孟同上年

少姜昭二晉平公之愛妾齊之女也 少齊昭三謂之少齊言異衆妾也

大戎狐姬莊二十八年文公之母　狐季姬昭公十三

籍黶昭十五註晉卿籍談九世祖也司晉典籍故曰籍氏　孫伯黶昭十五

籍談昭三十　叔氏同上呼其族也　籍父敬而不名

晉頃公昭三十　晉侯去疾同上年

晉昭公昭十六　晉侯夷同上年

史墨昭三十二晉太史也　蔡墨昭二十九即史墨也　蔡史墨同上年

晉定公哀二年　晉午同上年

郵無恤哀二年王良也　王良　郵良　子良並同上年

楚隆趙襄子家臣 陪臣隆哀二十年自稱也

春秋名號歸一圖卷上

春秋名號歸一圖卷上考證

尹子註成十六年經王卿士者也文元○案成十六年公會尹子伐鄭傳稱尹武公是也前此文公元年經傳俱無其人原本文元二字疑衍

展禽註魯大夫二十六○案展禽係僖二十六年見左傳原本脱僖字今增

夫人風氏註莊公妃○案妃字恐嬰氏之誤集韻嬰與妃同總要云古嬪御之貴次於后曰妃風氏爲莊公之妾故以稱之今改妃

郰人紇註仲尼父叔梁邑也○案郰乃魯邑梁紇其名

也原本邑字疑紇字之誤

定伯註國語諡也○案此即晉語云韓景之孫韓簡諡定伯是也通志堂本無諡字義不可解

瑕甥註僖四十二○案僖在位止三十三年瑕甥見傳在僖二十四年今云四十二蓋傳寫訛倒也

原同註季隗生○案傳趙衰從晉文公出亡奔狄狄以叔隗妻之生盾又云文公妻趙衰生原同屏括樓嬰是原同等三人乃文公女趙姬所生即後文君姬氏是也史記趙世家則云衰未從亡時其妻生同括嬰齊不言誰氏要之非季隗明甚此註必有誤但通志

堂本亦同故仍其舊而附識之下屏括註倣此
陽處父註僖三十二年○通志堂本作三十三年訛
郤缺註僖二十二○案郤缺獲白狄乃僖三十三年事
原本二十二訛今改正

春秋名號歸一圖卷下

鄭　衛　秦

陳　蔡　曹

邾　杞　莒

薛　許　雜小國

旁引王者附

楚

芈姓子爵顓頊之後也周成王封熊繹於楚至熊通乃僭號稱王

熊通 史記楚世家武王名**楚武王** 莊四年傳註楚自魯桓之世始僭稱王

屈瑕桓十一莫敖同上年莫敖楚官也莊四年屈重亦襲此官

屈禦寇僖二十五息公子邊息公子邊同上年

屈建襄二十二子木襄二十五年爲令尹

公子元莊三十令尹子文莊二十八年子元同

鬬廉桓九若敖子也鬬射莊三十

鬬穀於菟鬬伯比之子莊三十僖二十令尹子文同上年下子文同

鬬克僖二十五子儀文十四申公子儀同上年

得臣僖二十三宣十二成得臣僖二十三令尹同上年子玉
僖二十七
鬭椒宣二宣四司馬子良之子子越椒下云椒也越椒同子越
司馬令尹伯棼同上年亦作賁襄二十六若敖謂伯賁也
鬭勃僖二十八年楚大夫子上同上年令尹子上僖三十三年爲
令尹楚子上子上同上年
成大心文五令尹得臣之子也大心僖二十八孫伯同上年大
孫伯僖三十三

成嘉文十二若敖曾孫　子孔同上年

鬬宜申僖二十六二十八　宜申僖二十八文十　子西同上年

鬬般宣四子文之子子揚亦作班　子揚同上年　申公鬬班莊三
十　司馬子西僖二十六註

箴尹克黃宣四子揚之子子文之孫箴尹楚官　箴尹鬬楚王改其名曰
生

成然昭十三韋龜之子鬬辛之父　郊尹　蔓成然同上年

鬬成然昭十四令尹子旗　子旗同上年定五

鬬辛昭十四成然之子 鄖公辛定四年楚滅鄖爲邑辛爲邑大夫

鬬懷定四年辛之弟 鬬懷上年同下云懷也

仲歸文五文十 子家同上年

息嬀莊十四嬀姓之女息侯之妻 文夫人莊二十八文王滅息以息嬀爲

夫人

申公叔侯僖二十六 申叔僖二十八

蔿賈僖二十七伯嬴孫叔敖之父 伯嬴同上字也宣四年

孫叔敖宣十一註蔿賈之子 令尹孫叔敖宣十二 孫叔同上

年 蔿敖同上年 蔿艾獵宣十一

楚子頵文元年經弒其君頵 楚成王同上年

榮黃僖二十八年 榮季同上年

太子商臣僖三十三 世子商臣文元 穆王文元文十

息公子朱文九子朱息公也 子朱息公同上年

文之無畏文十左司馬也下云無畏 子舟字也同上年 申舟宣十

四年楚子使申舟聘齊

公子燮文十四 王子燮同上年楚僭稱王故公子亦呼王子

公子嬰齊 宣十一年註莊王之弟楚之正卿成二 先大夫嬰齊 昭七 左尹子重 宣十一子重字也 令尹子重 成二 子重 同上年

公子側 宣十二註正卿成十六經 子反 宣十二註字也宣十五成二成七成十五成十六 司馬 成十六 大司馬側 側 成四子反名成九成十六

潘尫 宣十二大夫 師叔 同上年

潘黨 宣十二潘尫之子 叔黨 同上年 潘尫之黨 成十六

楚子旅宣十八經楚莊王文十四年傳

公子貞襄七經莊王之子子囊同上年成十五襄十三

公子王夫襄五令尹子辛同上年右尹子辛成十六

公子辰成九年子商楚太宰也見成十年

公子穀臣成三王子邲戰下句與成二年皆云王子即穀臣也

司馬子庚襄十二莊王子午也公子午襄十五令尹公子午皆同

楚子審襄十三年共王也共王成二年文七年襄五年楚共王皆同

養由基成十六養叔襄十四

公子追舒襄十五莊王子子南爲箴尹箴尹同上年子南襄二十一令尹子南同令尹子南襄二十二

叔伯僖二十三薳呂臣同上年

鍼尹固定四年鍼或作箴哀十六工尹固哀十八或云工尹亦同薳固薳氏固名箴尹楚官改職爲工尹並同十八年

薳子馮襄二十一年爲令尹薳子同上年

薳罷襄三十下云薳氏子蕩襄二十七三十令尹子蕩同

申叔豫襄三十一申叔時之孫申叔跪之子申叔下並云申叔或云夫子大

夫之美稱

伍舉襄二十六年椒舉同上年

伍奢昭二十子胥之父連尹奢昭二十七

棠君尚昭二十年伍尚昭二十奢之子員之兄

伍員昭二十下云員同伍舉之孫伍奢之子子胥同上年昭三十一

申無宇昭十一芋尹昭七十三芋尹無宇昭十三

楚子昭襄二十八楚康王同上年

郟敖襄二十九康王子熊麇同上年楚子麇昭元經

公子圍昭元康王弟 楚令尹襄三十 令尹圍昭元 大夫

圍昭公元年 王子圍襄二十九 楚公子圍昭元 熊虔昭元

楚子昭十一 其君虔昭十三 楚靈王昭元 庶子圍

昭元 王子襄二十

公子黑肱昭元 宮廄尹子晳同上年 子晳昭十三

觀從昭十三觀起之子 其子從 子玉同上年

王子比昭元 公子比昭十二 子干昭元 右尹子干昭元

楚公子昭元年與公子圍皆曰楚公子三月晉楚會盟重言楚公子者皆公

子圍也冬秦后子與子干俱奔在晉后子謂楚公子者即子干也

楚君子干 昭十三

訾敖 昭十三不成君者楚人皆謂之敖葬於郟曰郟敖死於訾曰訾敖

公子弃疾 昭十二

蔡公 昭十三

君司馬 昭十三

熊居 同上年立後改名居

楚子居 昭二十六

平王 昭十三年後二十六年楚平王同

右尹子革 昭十二

鄭丹 昭十二

然丹 昭十三

陽匄 昭十七穆王曾孫令尹子瑕

令尹子瑕 同上年

陽令終 昭二十七陽匄子 中廄尹 同上年

公子魴 下云魴也自稱 司馬子魚 同昭十七年下云子魚者皆同

太子建 昭十九即陽封人之女生 楚太子建 哀十六 王子建

昭二十六 子木 哀六

勝 哀十六子木之子 白公 同上年下云王孫亦謂白公也

囊瓦 定二年子囊之孫以王父字爲氏 令尹子常 昭二十六下子常同

楚瓦 定四 子常 同上年

郤宛 昭二十七 子惡 左尹 並同上年

沈尹氏 葉公子高之父也昭三十一下云戌也自稱**左司馬戌**昭三十一註定四下云司馬皆同

葉公 定五年食采於葉楚僭稱王故宰邑皆僭稱公**諸梁**定五諸梁即名也下葉公諸梁同**沈諸梁**哀十九父爲沈尹戌子高以父之邑爲氏改封葉故互言之**子高**哀十六

伯州犂 晉大夫伯宗之子下云太宰州犂同昭元**太宰**同上年呼其官

王孫由于 定四下由于同**寢尹**哀十八**吳由于**同上年

季芉 芉楚姓也平王之女昭王之妹定五**季芉畀我**服虔云畀我即季芉

字也
定四

太子壬 昭二十六平王太子 楚子軫 立後改名哀六年 楚昭王 同上年

越女之子章 哀六年昭王妾章惠王 楚惠王 同上年哀十六

公子結 定四年昭王兄 子期 定四哀十六

公孫寬 哀十九子期之子 司馬 哀十六

公子申 昭王兄定四哀六年十三年與成六年公子申同名相去八十年非一人也 子西 哀十六與穆王之世鬬宜申同字子西

公孫寧哀十八子西之子下云寧同令尹哀十六十七子國十七下十八年右司馬子國同

公孫朝哀十七武成尹同上年令尹之子同上年

公子啓哀六昭王兄也王救陳在外將卒欲立子西子期子閭皆辭之子閭同上年與公子申公子結皆平王之子也

鄭姬姓伯爵西周厲王之子宣王之母弟桓公友所封之國也

莊公寤生隱元鄭伯寤生桓十一經鄭莊公隱十一桓十一

公子呂隱元鄭大夫子封同上年

共叔段隱元共叔莊十六京城太叔隱元下云太叔同太叔段隱元

祭仲隱元祭氏仲名初爲祭封人掌封疆者後以爲氏祭足字也桓五祭仲足桓五祭封人仲足桓十一年

公孫閼隱十一鄭大夫子都同上年公子閼莊十六與隱十一年相去三十四年不合別有公子同名世族未遠蓋一人也子當爲孫

曼伯桓五昭十一檀伯守櫟大夫也櫟鄭邑名桓十五年

鄭太子忽桓元世子忽桓十五經公子忽隱三桓十鄭忽

桓六鄭昭公 昭公桓十一

公子突隱九突桓十一鄭伯突桓十五經鄭伯桓十二十五

厲公桓十一十五莊四

洩伯隱七年字亦作泄洩駕隱五宣三

洩堵俞彌僖二十四註云堵俞彌子俞彌文公娶于蘇所生宣三年傳下云俞彌

高渠彌鄭卿桓十七十八高伯桓十七

鄭子昭公弟子儀桓十八莊十四在位十四年遭弒傳復云鄭子蓋其微弱臣子不

以君禮赴於諸侯

子儀 莊十四 **鄭伯** 莊三傳 莊四經

鄭伯捷 文公也僖三十二年 **鄭文公** 僖二十三 **鄭捷** 定四 **鄭伯** 僖二十四三十三十三

公子蘭 文公子燕姞生僖三十宣三 **鄭伯蘭** 宣三 **鄭穆公** 三年

冬

子良 穆公庶子宣四成三 **去疾** 宣四 **公子去疾** 成二

公孫輒 襄九伯有之父 **子耳** 襄八襄九註襄十

行人良霄 襄十一公孫輒之子 **伯有** 襄十五 **伯有氏** 襄二十九

良氏襄三十

公子宋宣四 子公同上年

公子歸生宣四 子家同上年執政大夫仁而不武懼譖從逆春秋書為首惡陷弒君之名

公子堅宣四 襄公堅同上年 鄭伯堅成四經 鄭襄公同上年

太子夷文十七 君之嫡夷同上年 鄭靈公宣四 其君

夷宣四經 夭子蠻成二 子貉昭二十八

世子華僖七經 太子華僖七傳 子華同上年

公子魚臣宣十二 僕叔同上年

石制宣十二 子服同上年

公孫申成四九 叔申成十十四

公子班成十 子如同上年

鄭伯費成六 鄭悼公同上年

鄭伯睔襄二 鄭成公同上年

髡頑成十成公太子 太子髡頑成十七 鄭伯髡頑襄七 鄭

僖公同上年

鄭子罕成十六穆公之子執政上卿襄二公子喜成十六釋例謚成子

經傳不見

子展襄八子罕之子上卿也舍之名也同上八年公孫舍之襄九

罕氏襄二十九釋例謚桓子

子皮襄二十九子展之子代父為上卿罕虎襄三十子皮子罕之孫以王父字為罕氏昭三同

嬰齊昭十六子皮之子子齹孺子同上年

罕達哀二哀十二十三子齹之子　子姚哀二哀九　武子賸哀九　鄭

子賸哀十三

罕朔昭七　馬師氏同上年馬師職也

公子偃成三穆公子也　子游成六

公孫蠆襄九襄十四襄十九公子偃之子　子蟜襄八

游眅襄二十二公孫蠆之子太叔之兄　子明同上年

子太叔襄二十四正卿　太叔襄二十二昭元　游吉襄二十八公子偃之孫以王父字爲氏昭子

公子發襄五經穆公之子子產父子國成五襄二襄三釋例謚惠子

子產襄十五公子發之子執政上卿昭二十子美襄二十五公孫僑

襄二十二昭元穆公之孫鄭僑襄二十四少正襄二十二鄭卿官也

國參哀五子產之子子思桓子思哀七桓謚也

公子騑襄九穆公之子執政上云騑也同子駟成十襄八

公孫黑襄十五子皙襄三十昭元駟氏同上年

公孫夏襄十子駟之子次卿也子西同上年

駟帶襄三十西之子子上同上年昭十八

駟偃 昭十九帶之子 駟子游 同上年與公子偃同名同字

駟乞 昭十九子游叔父 子瑕 同上年

駟歂 定八駟乞之子 子然 襄元定八註

駟弘 哀二十七駟歂之子 子般 哀二

公子嘉 襄九穆公之子 子孔 襄八 司徒孔 襄十九傳以襄十年胥爲司徒之官故云

公孫楚 昭元穆公孫太叔之叔父嬰大夫 游楚 游氏 子

南子 南氏 同上年

子張宣十四穆公孫 公孫黑肱襄二十二 伯張年同上

子革襄十九穆公之孫子然之子 然丹子革名昭九昭十六 鄭丹昭十二註仕楚爲右尹楚人謂之鄭丹

然明襄二十四鄭大夫 騣蔑蔑名也 騣明並昭二十八

印段襄二十七 印氏同上年 子石襄三十

印癸昭十六印段之子 子柳同上年

公孫段襄二十七 子石同上年 伯石亦字伯石襄三十 公孫段氏昭元

豐施 昭七公孫段之子也 豐氏 同上年昭元 子旗 昭十六

豐卷 襄三十 子張 同上年

公孫揮 襄二十四 子羽 同上年二十九行人子羽同 行人揮 昭元

馬師頡 襄三十子羽孫馬師官也 羽頡 同上年以王父字爲氏

渾罕 昭四年鄭大夫 子寬 同上年

宛射犬 襄三十四 鄭公孫 同上年下云公孫同

鄭伯嘉 昭十二經 鄭簡公 同上年下云簡公同

鄭伯寧 昭二十八經 鄭定公 同上年

鄭伯蠆定九經鄭獻公同上年

鄭勝哀二鄭聲公同上年

衛姬姓侯爵文王之子武王之弟康叔所封之國也

其君完隱四年衛州吁弒其君完桓公同上年衛桓公隱五年

公子晉隱五衛侯晉桓十二衛宣公桓十三

石碏隱四衛大夫石子同隱四呼其氏也

石稷成二年下云石子同石碏四世孫石成子同上年石子同上年

石買襄十七石共子襄十九

悼子襄十九石惡襄二十七二十八

石盂襄二十二石㚟同上年

從子圃襄二十八年石圃哀十七年

壽子桓十六壽同上年

公子朔桓十六衛侯朔同上年惠公同上年

昭伯閔二謚也惠公庶兄宣公子也公子頑同上年

戴公閔二宣姜生立其年卒申同上年註名也

甯速閔二註　甯莊子同上年

甯俞僖二十八註下甯子同　甯武子同上年

甯殖襄元經二十傳　甯惠子襄二十或云甯子見成十四

甯喜襄二十六甯惠子下云甯子甯氏　悼子襄二十

子路杜序孔子弟子孔悝邑宰也定十二定十四同　仲由同上年下由也同

季路哀十四　季子哀十五

衛侯燬僖二十五　燬僖十八傳　衛文公閔二

衛子僖二十五經　衛侯鄭宣九　衛成公僖三十一

叔武 僖二十八成公弟
衛子 僖二十八經
夷叔 同上夷諡也
衛武 定四
公子瑕 僖二十八
子適 僖三十
衛侯速 成二
衛穆公 同上年
孫良夫 宣七經林父之父成十四
孫桓子 同上年傳成三年孫子同
孫林父 襄七傳下云孫子孫氏同
孫文子 成十四
孫襄 襄二十六林父之子
伯國 同上年
衛侯臧 成十四經
衛定公 成十四傳
定公 同上年

衛侯弟黑背成十經子叔黑背同上年傳

衛獻公襄十四衛侯衎襄二十六

公孫剽襄元子叔黑背子襄十四衛侯剽襄二十六註弒其君

剽同上年子叔同上年

北宮括成十七北宮懿子襄十四下云懿子同

北宮佗襄三十北宮文子襄三十一

北宮喜昭十下云北宮子北宮氏皆同貞子昭二十與析成子皆生賜謚

蘧伯玉襄十四蘧瑗襄二十九

庚公差襄十四子魚同上年

母弟鱄襄十四衛侯之弟鱄襄二十七子鮮同上

太叔文子襄二十五下云文子太叔儀襄二十七世叔儀昭三十二經註

世叔齊哀十一經太叔懿子之子太叔疾上年傳云即世叔齊也下云疾同

太叔悼子並同上年

太叔遺哀十六太叔疾之弟太叔僖子同上年

史狗襄二十九史朝之子衛文子同上年

史鰌襄二十九年史魚同上年

公叔文子定六下云文子同公叔發襄二十九

孔成子昭七衛卿孔達之孫孔烝鉏同上年

孔文子哀十一執政上卿悝之父孔羈之孫圉昭七孔圉哀十五

烝鉏之曾孫圉同昭七年烝鉏羈之父也

孔姬哀十五蒯聵之姊孔圉之妻悝之母也伯姬姬氏同孔伯姬伯

姬同上年

孔悝哀十五孔文子圉之子孔叔同上年

王孫牟 昭十二康叔之子 康伯 同上年

衛侯兄縶 昭二十靈公兄 孟縶 昭七 公孟 昭二十 公孟縶 同上年

析朱鉏 昭二十 成子 同上年與北宮貞子皆生賜諡 析成子 同上

齊豹 昭二十下云齊氏同 齊氏子 同上謂其家也 衛司寇 昭三十一年

公子荆 襄二十九 南楚 昭二十 公南楚 同上年

祝佗 定四祝史名佗 太祝子魚 同上年下云子魚同

衛侯元哀三衛靈公同上年

蒯聵定十四世子蒯聵定十四經太子蒯聵定十四傳曾

孫蒯聵哀二莊公哀十五

亡人之子輒哀二衛侯輒哀十五出公輒哀十二衛

出公哀二卄六

公子郢哀二公孫彌牟之父子南同上年

公孫彌牟哀二十五彌牟子南之子南氏以父字爲族文子子

之並同上年

高柴哀十七衛大夫孔子弟子也　柴哀十五　子羔同上年　季羔哀十七

褚師比哀十六　哀二十五　褚師哀二十五　褚師聲子同上年

司徒瞞成哀十五　瞞成哀十六　子還成哀十六經

襄公之孫般師哀十七　公孫般師　般師亦同上年

公子起哀十七靈公子　其君起哀十八

公文要哀二十五　公文懿子同上年

彌子瑕定六嬖大夫　彭封彌子哀二十五下云彌子

夫人之弟期（哀二十五）司徒期（同上年不云期）

王孫齊（哀二十六衛大夫王孫賈之子）昭子（同上年）

衛大夫肸（哀十六註）下臣肸（哀十六）鄖武子（同上年）

子伯（哀十六註）子伯季子（同上年）

許公爲（哀十六）許爲（同上年）

公子黚（哀二十六蒯聵庶弟）悼公（同上年）

秦（嬴姓伯爵自伯益佐堯舜有功舜乃賜姓封邑至周穆之世造父與秦仲有功遂爲列國穆公始見春秋）

秦穆公　秦穆　秦伯任好穆公名文六年卒

公孫枝僖九秦大夫僖十五　子桑文三

孟明僖二十二下云孟子　孟明視文二　百里孟明視僖三十三

西乞僖三十二　西乞術同上年

白乙僖三十二　白乙丙僖三十三

太子罃僖十五　秦伯罃文十八　秦康公僖十五文七

秦伯之弟鍼昭元經下云鍼同　后子同上年自秦奔晉　景公

母弟鍼註　秦鍼傳註　秦公子昭元　秦伯車弟鍼

公子鍼並釋例

秦穆姬僖十五下穆姬同　秦穆夫人穆公夫人　伯姬僖十五姬姓之女嫁於秦也在晉曰伯姬伯謂長女也在秦曰穆姬穆從夫之謚也嫁於小國則不從夫之謚紀伯姬鄭伯姬潞伯姬是也次國亦不從夫之謚自有謚者文姜聲姜出姜齊姜齊歸是也其有叔姬者各據本國長幼次序

宋子姓公爵其先契之後也武王伐紂封微子啓爲宋公以繼殷之祀也

宋穆公隱三　宋公和同上年經

宋殤公隱三四年殤公同　與夷隱三

孔父桓二大司馬孔父孔父嘉桓二大司馬隱三司馬桓二

呼其官也

宋武公　司空武公名司空故廢司空之官改爲司城避其諱也桓六

華父督桓元宋督桓二督　大宰同上年

司馬華孫文十五貴而不名華耦同上年華督孫司馬子伯

文十八

華定襄二十九宋司徒同上年華費遂昭二十大司馬司馬

同上年

華貙昭二十一年大司馬華費遂之子爲少司馬子皮字也同上年

少司寇牼昭二十華亥庶兄華牼同上年

其君捷莊十二經閔公同上年

公子御說莊十一宋莊公子宋公御說僖九宋桓公上年

同

公子馮隱四年三年馮也亦同宋公馮莊二年經宋莊公莊二

經

太子茲父僖八宋子九年經宋公茲父僖二十三宋襄

公同上年

大司馬固僖二十二莊公孫　公孫固僖二十七

目夷僖八下九年公子目夷同　子魚僖十九下云司馬子魚同　司馬子

魚　司馬僖三十三　宋公王臣文七　宋王臣定四　宋

成公文七

司徒皇父文十一下云皇父戴公子　皇父充石同上年

宋昭公文十六下昭公同　杵臼同上年昭公名

公子鮑文十七十六　宋公鮑成二　宋文公同上年

高哀文十四子哀同上年

王姬文十六下云夫人王姬同襄夫人同上年君祖母同上

公子圍龜成五年子靈同上年

靈不緩哀二十六公子圍龜之後左師同上年

羊斟宣二年御士叔牂同上年

蕩澤成十五公孫壽之孫大夫山子山並同上年

宋共公成十五宋公固同上年

子罕襄六下云司城子罕同司城子罕同上年樂喜襄九

樂繻襄六 子蕩同上年

桐門右師定九 樂大心同上年 樂祁昭二十二子罕孫定八

樂祁犂同上年定六經 子梁定八 司城子梁昭二十七

樂溷定八樂祁子 子明定九

樂茷哀二十六樂溷子 子潞 司城茷並同上年

樂得哀二十六 門尹得同上年

褚師段襄二十段共公子 子石同上年

宋伯姬襄二十六三十 共姬同上年從夫之謚

合左師襄十七合向戌邑也下云左師皆謂官也宋左師向戌並同上年

向魋哀十三桓魋同上年下云司馬桓魋魋也皆同桓司馬哀十四

司馬同上年此亦與子仲同十四年傳云司馬欲入謂向魋也

左師向巢官也哀十四向巢左師巢同上年

向宜昭二十一向戌子子祿同上年

皇野哀十四司馬子仲同哀十四十七年末子仲同司馬哀十四年傳上云司馬曰司馬請謂子仲也下云司馬欲入謂向魋也

公子朝宋公子名朝出奔仕衛淫亂懼罪奔晉昭二十一年歸宋衛公子朝在衛為大夫懼罪奔晉昭二十一年自晉歸宋救華氏之亂其年傳以仕衛之故謂之衛公子朝宋子朝哀十一年經註也下云子朝並同宋朝歸宋後至定十四年衛靈公為南子召之朝復適衛宋公子朝定四哀十一

世子成成十五宋公成昭十年宋平公昭十一元公父也

世子痤襄二十六年經太子痤同上年經傳異文

世子佐昭四太子佐同上年宋公佐昭二十五年經下云宋公同宋元公昭二十五二十六

公子城昭二十年下云城也也語助子城字也同上年

太子欒元公太子也昭二十二十、五宋景公哀二十六

杞姒之子非我哀十七皇非我哀二十五司馬同上年

公之弟辰定十年註云景公弟辰傳云辰同母弟辰並同昭二十定

十一

公孫周哀二十六元公孫子高同上年

周之子得哀二十六公孫周之子昭公同上年

陳嬀姓侯爵舜之後也周武王封遏父之子滿於陳賜姓嬀氏號胡公即始封之

祖也

陳侯林莊元年陳莊公莊二年

五父隱六年威公之弟也陳公子佗同上年陳佗威六年文

公子佗桓五年陳五父隱七年五父佗襄二十五年註

陳侯躍威十二年厲公同上年

公子完莊二十二年厲公子也敬仲同上年

陳子僖二十八年經先君未葬故曰子陳侯朔文十三年陳共公

文元年

轅濤塗陳大夫下云濤塗僖四 轅宣仲僖五年

陳侯杵臼僖十二 陳宣公十三年

陳侯平國 弒其君平國同宣十 陳靈公宣九 靈

侯成二年

少西子夏之名徵舒之祖宣十一註 子夏同上註

夏徵舒宣十一年大夫也下云徵舒同 夏氏同十一年 少西氏同上

年皆謂徵舒之家 夏南子夏之後字子南成二年

夏齧昭二十三年徵舒玄孫 陳大夫齧同上年 陳夏齧同上

成公午宣十一　陳侯午襄四　陳成公襄四
陳侯之弟黃襄二十　公子黃同上年
鍼子隱八年陳大夫　陳鍼子同上年
陳鍼宜咎陳大夫襄二十四　陳鍼同上　鍼宜咎同上年註　宜
咎同上年　葴尹宜咎昭四年陳大夫奔楚爲葴尹
公子招昭元年八年　子招並同上　陳侯之弟招昭八經
司徒招八年傳
太子偃師襄二十五　世子偃師昭八年經　悼太子偃師

同上年傳

孫吳 昭八年太子偃師之子 悼太子之子吳 昭十三 陳侯

吳 昭四 陳惠公 同上年 陳侯溺 昭八年 陳哀公 同上

年

陳子 先君未葬定四年會諸侯稱子 陳侯柳 定八 陳懷公 同上年至

湣公爲楚所滅

蔡 姬姓侯爵武王封弟叔度爲蔡侯叔度作亂見誅其子蔡仲名胡成王復封之於蔡

也

蔡叔 定四年始封之君 蔡叔度 蔡世家叔度之名也得罪放逐尚書有放驩兜之義寬而宥之放之於遠也

蔡仲 定四年蔡叔之子周公舉而命之 蔡侯 同上年註周公以王命命之爲蔡侯

胡 同上年蔡仲名也尚書云小子胡

蔡侯考父 隱八年 蔡宣公 同上年

蔡侯封人 桓十七年 蔡威侯 同上年

蔡季 桓十七年 蔡侯獻舞 莊十年 蔡哀侯 莊十四年

蔡甲午 定四年 莊侯 註 蔡侯甲午 蔡世家 蔡莊公 襄八

註

蔡侯申宣十七蔡文公同上年蔡文侯襄二十

公子燮襄八年司馬燮同上年蔡司馬襄二十

聲子蔡大夫也與楚大夫伍舉世相善歸生名也並同襄二十六年

蔡侯成二年蔡景公同上年襄三十年其君固襄三十年

世子般襄三十太子般同上年蔡侯昭十一蔡靈侯

昭十一楚靈王誘而殺之刑其士七十人遂圍蔡滅之蔡靈公昭十三年

楚平自蔡得國復封其孫廬爲蔡侯遂得成禮葬之

世子有昭十一年　隱太子同上年蔡靈公之太子蔡平公之父

蔡侯廬昭十三隱太子之子廬楚靈滅蔡爲邑使公子棄疾爲蔡公疾即位是爲平王乃封廬而復之　蔡平公昭二十一年　平侯同上年

太子朱昭二十一年傳　蔡侯朱昭二十一年經平侯之子

蔡侯　蔡君並定三年　蔡侯申宣十七年蔡侯申卒謚曰文侯今昭侯是玄孫不合與高祖同名春秋之誤也哀四

蔡昭侯哀四年爲大夫公孫翩所弒　蔡昭公同上年經

公孫霍哀四年經　公孫盱同上年傳註云盱即霍也弒君之黨

曹 姬姓伯爵文王之子振鐸之後也武王封弟振鐸於陶丘即其國也

曹伯終生 桓十年 曹桓公 同上年

曹太子 桓九年 世子射姑 同上年 曹伯射姑 莊二十三

曹莊公 莊二十四 曹赤 莊二十四年自外歸于曹 曹僖公 同上年註

曹伯班 僖七 曹昭公 同上年

曹伯襄 僖二十八經 曹共公 僖二十三

曹伯壽 宣十四 曹文公 同上年

曹伯廬成十三年　曹宣公同上年

公子負芻成十三　曹伯負芻襄十七　曹成公成十五

子臧成十五子臧惡篡弒之君抱清慎之故能守節讓位致邑全身公子之賢無以加也

公子欣時成十三傳欣時即子臧名也

曹伯滕昭十四　曹武公同上年

曹伯須昭十八　曹平公同上年

曹伯午昭二十七年　曹悼公昭二十八

曹伯露定公八年　曹靖公同上年

公孫彊哀七年寵嬖大夫執政喪國　司城彊哀八年

吳姬姓子爵周大王之子太伯仲雍之後也武王封周章爲吳子至壽夢而僭號稱王始通中國

吳子壽夢襄十二　吳子乘名也同上年

吳子諸樊乘之長子也襄十四　吳子遏名也襄二十五

吳子句餘襄二十八　吳子夷末同上年註昭十五

吳子餘祭襄二十九　戴吳史記即餘祭也

吳公子札襄二十九壽夢之子　季子襄三十一註昭二十七至哀公十年

九十餘歲 札 襄二十九經 季札 襄三十一年註 延州來季子

昭二十七延州來季札之邑也禮記謂之延陵季子

吴子僚 昭二十年註 其君僚 昭二十七經 州于 昭二十七經

鱄設諸 昭二十七年 鱄諸 定十註

吴公子光 諸樊子也昭十七 吴光 十七年註昭三十 吴子光

定十四 吴子闔盧 號也昭二十七年三十年闔盧同

吴太宰嚭 晉大夫伯宗曾孫伯州犂之孫吴大夫哀元年七年太宰同 子

餘 字也 太宰子餘 哀八年

王子姑曹哀八年　公子姑曹哀十七

邾曹姓子爵顓頊之後有陸終氏生子曰邾安周武王封其苗裔邾俠居邾十二世至儀父始見春秋

邾儀父字也桓十七　邾子克名也隱元莊十六年同　邾莊公見後序與邾子穿同謚

邾子蘧蒢文十三　邾文公文十四

邾定公文十四下定公同　貜且同上年

邾子牼襄十七　邾宣公成十八

邾子華昭元年　邾悼公同上年

邾子穿定三年經　邾莊公同上年

邾子益定十五註哀七　邾隱公同上年下云邾子同

太子華哀八年二十四年並同　邾桓公

茅夷鴻哀七年　茅成子邾大夫也下云成子同上年

杞姒姓公爵夏禹之苗裔也武王克殷求禹後得東樓公而封之九世至成公始見春秋

杞子僖二十三年經杞入春秋自桓以來二年本皆侯爵莊二十七年為時王所黜

稱伯成公始用夷禮復爲仲尼所貶故僖二十三年書杞子卒 杞成公 同上

年傳

杞子 僖二十七年桓公朝魯猶有夷禮故亦書子 杞伯姑容 襄六年 杞桓公 同上

杞伯匄 襄二十三年 杞孝公 同上

杞子 襄二十九年文公來盟復用夷禮春秋賤之故貶書子 杞伯益姑 昭六年卒經復稱伯 杞文公 同昭六年

杞伯郁釐 昭二十四年 杞平公 同上

杞伯成定四年　杞悼公同上年

杞伯過哀八年　杞僖公哀九年

莒嬴姓子爵少昊之後周武王封茲輿於莒莒十一世至茲丕公始見春秋自共公以下微弱不復見

莒挐僖元年　莒子弟挐同上年

莒子僖二十六年經　莒茲丕公同上年傳註莒夷無謚以號為稱此即時君之號也其後各以遷都為號　莒期定四年

莒紀公文十八　庶其同上年經

太子僕莒紀公太子文十八年莒僕同上

犂比公號也襄十六襄二十一密州名也襄三十一買朱鉏同上

年密州之字也乃經傳互文鉏註唯一字

莒展昭元年展輿襄三十一

著丘公昭四年十四年莒子朱成十四

公弟庚輿昭十四莒子庚輿昭二十三經莒共公昭十

九此一君有謚僖二十六年杜云莒夷無謚此卽不言

莒茲大夫莒大夫昭十四蒲餘侯同上年蒲輿侯茲夫

此在下文

滕 姬姓侯爵文王子叔繡之後也自叔繡至宣公十七世始見春秋

滕子嬰齊 僖十九 滕宣公 同上年

滕子 宣九年卒經不書名 滕昭公 同上年傳

滕子 成十六年文公卒經不書名 滕文公 同上年傳 滕侯 並同上年

滕本侯爵自隱十一年傳稱侯二年朝魯稱子蓋為時王所黜其後不復本爵今文公傳註復云侯者是杜呼其舊爵

滕子原 昭三年 滕成公 襄六

滕子寧昭二十八年 滕悼公同上

滕子結哀四年 滕頃公同上

滕子虞母哀十一年 滕隱公同上

薛任姓侯爵黃帝之苗裔仲虺居薛爲湯左相武王復其封爲薛侯齊桓黜之爲伯

薛伯穀昭三十一年 薛獻公同上

薛伯定定十二年 薛襄公同上

薛伯夷哀十年經 薛惠公同上年經

許 姜姓男爵堯四嶽伯夷之國也周武王封文叔於許十一世至莊公始見春秋

許男業 文五年 許僖公 六年

許男新臣 僖四年 許穆公 同上年

許男錫我 宣十七年 許昭公 同上年

許男甯 襄二十六年 許靈公 同上年

甚君買 昭十九年許悼公瘧飲太子止之藥卒孔子以君父有疾藥當由醫太子可以視膳問安不宜獨進藥物責止失於愼慮致害君親故加弑逆之名亦以教誡

許悼公 同上年 許男成 哀十三年 許元公 同上年

雜小國凡見經傳小國并旁引者附

越子定十四勾踐同上年允常子也下云越子勾踐

常壽過昭十三越大夫同上

紀裂繻紀國大夫隱二年紀子帛字也隱二

郕太子朱儒文十一郕伯同上年

有窮后羿襄四下云后羿夷羿同上年夷氏也下云羿同鉏羿註

戎子駒支駒支名也姜戎氏同上襄十四

韓服桓九年巴大夫巴行人巴客同上年行人與客雖非名字謚

號考其傳義亦宜録之

北燕伯昭十二　北燕伯款昭三　燕簡公同上昭六年簡公同

鄧侯吾離桓七經　鄧侯同上傳

季杼哀元　后杼襄四少康子亦同哀元

孔甲夏之天子少康之後九世君　夏后並昭二十九

逢公殷諸侯姜姓　逢伯陵並同昭二十

州公州國名公爵　淳于公淳于州國所都同桓五年

唐侯定三年　唐成公同上年

南燕伯莊二十年 燕仲父同上

虢公莊二十年周惠王爲子頽之亂失國二十一年虢公與鄭厲公共討子頽以安王室 虢叔莊二十一 虢公醜僖五醜即名也莊三十二年有神降於莘至僖五年爲晉獻所滅

卜招父僖十七 招傳云招曰然

皐陶堯舜臣也文五年 庭堅皐陶字也文十八年

高陽氏 顓頊文十八年

高辛氏 帝嚳文十八年

伯虎文十八年朱虎同上年

仲熊文十八年熊羆同上年

渾敦文十八年驩兜同上年

窮奇文十八年共工同上年

檮杌文十八年饕餮傳無異名三苗也夏鯀註云鯀夏禹父也同上

伯封昭二十八年封豕同上年其三凶封豕所有異呼皆天下之民各據其惡目之也

后夔妃昭二十八年玄妻同上年

管叔周公之兄成王叔父與蔡叔禄父作亂惎間王室周公誅之 管叔鮮鮮即叔之名也同定四年

春秋名號歸一圖卷下

相臺岳氏刻梓家塾

舉人臣孫衡書

春秋名號歸一圖卷下考證

芊尹。案芊當作芋鄭樵通志氏族畧楚有大夫芋尹申無宇之後原本及　殿本諸坊本俱作芊而陸氏音義直音于付反讀如芋蹲鴟也之芋字蓋因陳有芋尹以鳥名官讀者不辨陳楚之分以致芋芊相混今仍其舊而謹識于此

公子閼註世族未遠蓋一人也。此因隱公十一年有公孫閼而莊十六又有公子閼相去三十四年不應有公子與之同名故直斷曰一人也他本作二人則與上文詞意不合

鄭僑。註十四上原本空兩字案傳鄭伯如晉子產寓書于子西云僑也惑之在襄二十四年則所闕兩字乃襄二兩字也今補

虢公醜註有神降于苹。案莊三十二年神降于莘原本苹字係莘之訛

招註傳云昭曰然。案傳所云招即卜招父也此註昭字應改招

春秋經傳集解隱公第一

隱公名息姑。惠公之子。母聲子。諡法不尸其位曰隱

註　盡十一年

傳惠公元妃孟子言元妃。明始適夫人也。子宋姓。○惠公名不皇。諡法愛人好與曰惠。適丁歷反孟子卒不稱薨。不成喪也。無諡。先夫死。不得從夫諡。○諡實至反繼室以聲子生隱公聲。諡也。蓋孟子之姪娣也。諸侯始娶。則同姓之國以姪娣媵。元妃死。則次妃攝治內事。猶不得稱夫人。故謂之繼室。○姪直結反。又丈一反。兄女也。娣大計反。女弟也。宋武公生仲子仲子生

而有文在其手曰爲魯夫人故仲子歸于我婦人謂嫁曰歸。以手理自然成字。有若天命。故嫁之於魯。○婦人謂嫁曰歸。本或無曰字。此依公羊傳生桓公而惠公薨言歸魯而生男。惠公不以桓生之年薨是以隱公立而奉之隱公。繼室之子。當嗣世。以禎祥之故。追成父志。爲桓尚少。是以立爲大子。帥國人奉之。爲經元年春不書即位傳。○禎音貞。爲桓于僞反。大舊太字皆作大。後大字皆放此

經元年春王正月隱公之始年。周王之正月也。凡人君即位。欲其體元以居正。故不言一年一月也。隱雖不即位。然攝行君事。故亦朝廟告朔也。告朔朝正例在

襄二十九年。即位例在隱莊閔僖元年。朝直遙反。下同

三月公及邾儀父盟于蔑 附庸之君未王命例稱名能自通于大國繼好息民故書字貴之名例在莊五年。邾今魯國鄒縣也。蔑姑蔑魯地魯國卞縣南有姑城。蔑亡結反

夏五月鄭伯克段于鄢 不稱國討而言鄭伯譏失教也。段不弟故不言弟明鄭伯雖失教而段亦凶逆以君討臣而用二君之例者言段強大儁傑據大都以耦國所謂得儁曰克也。國討例在莊二十二年。得儁例在莊十一年。母弟例在宣十七年。鄭在滎陽宛陵縣西南。鄢今潁川鄢陵縣。段徒亂反鄢於晚反又於建反又於然反

秋七月天王使宰咺來歸惠公仲子之賵 宰官。咺名也。咺

乾隆四十八年

贈死不及尸。弔生不及哀。豫凶事。故貶而名之。此天子大夫稱字之例。仲子者。桓公之母。婦人無謚。故以字配姓。來者自外之文。歸者不反之辭。○咺呼阮反賵芳鳳反

九月。及宋人盟于宿

客主無名。皆微者也。宿小國。東平無鹽縣也。凡盟以國地者。國主亦與盟。例在僖十九年。宋今梁國睢陽縣。○與音預。下同。睢音雖

冬十有二月。祭伯來

祭伯。諸侯爲王卿士者。祭國。伯爵也。傳曰。非王命也。釋其不稱使。○祭側界反。傳祭仲同

公子益師卒

傳例曰。公不與小斂。故不書日。所以示薄厚也。春秋不以日月爲例。唯卿佐之喪。獨託日以見義者。事之得失。既未足以褒貶人君。然亦非死者之罪。無辭可以寄文。而人臣輕賤。死日可略。故特假日以見義。○斂力

驗反。見賢遍反，下同。

傳元年春王周正月言周以別夏殷。○別彼列反。夏戶雅反。三代之號可以意求不書即位攝也假攝君政，不脩即位之禮，故史不書於策。傳所以見異於常。○見賢遍反三月公及邾儀父盟于蔑邾子克也克，儀父名未王命故不書爵曰儀父貴之也王未賜命以爲諸侯。其後儀父服事齊桓，以獎王室。王命以爲邾子，故莊十六年經書邾子克卒。○故不書爵，一本無故字。獎將丈反公攝位而欲求好於邾故爲蔑之盟解所以與盟也。○好呼報反夏四月費伯帥師城郎。不書，非公命也。費伯，魯大夫。郎，魯邑。高平方與縣東南有郁郎亭。傳曰：君舉必書。然則史之策書，皆君命也。今不書於經，亦因史之舊法，故傳釋之。諸魯事傳釋不書，他皆放此。○費音祕。郁於六反。

初，鄭武公娶于申，曰武姜。申國，今南陽宛縣。○宛於元反。生莊公及共叔段。段出奔共，故曰共叔，猶晉侯在鄂，謂之鄂侯。○共音恭。地名。莊公寤生，驚姜氏，故名曰寤生，遂惡之。寐寤而莊公已生，故驚而惡之。○寤五故反。惡烏路反。愛共叔段，欲立之。欲立以爲大子。亟請於武公，公弗許。及莊公即位，爲之請制。公曰：

制巖邑也，虢叔死焉，他邑唯命。虢叔，東虢君也。恃制巖險而不脩德，鄭滅之。恐段復然，故開以他邑。虢國，今熒陽縣。○亟，欺冀反。數也。爲，于僞反。虢，瓜伯反。國名。請京，使居之，謂之京城大叔。公順姜請，使段居京，謂之京城大叔，言寵異於衆臣。京，鄭邑，今熒陽京縣。○大音泰，下皆同。祭仲曰：都城過百雉，國之害也。祭仲，鄭大夫。方丈曰堵，三堵曰雉，一雉之牆，長三丈，高一丈。侯伯之城方五里，徑三百雉。故其大都不得過百雉。○長，直亮反。高，古報反。又如字。又如字。先王之制，大都不過參國之一。三分國城之一。○參，七南反。又音三。中，五之一；小，九之一。今京不度非制也。[不合法度。非先王制。]君將不堪。公曰。姜氏欲之。焉辟害。對曰。姜氏何厭之有。不如早爲之所。[使得其所宜。○焉於虔反。厭於鹽反。]無使滋蔓。蔓難圖也。蔓草猶不可除。況君之寵弟乎。公曰。多行不義必自斃。子姑待之。[斃。踣也。姑。且也。○踣蒲北反。]既而大叔命西鄙北鄙貳於己。[鄙。鄭邊邑。貳。兩屬。]公子呂曰。國不堪貳。君將若之何。[公子呂。鄭大夫。]欲與大叔。臣請事之。若弗與。則請除之。無生民心。[叔久不除。則舉國之民。當生他心 公曰。無庸將自及 言無用除之。禍將自及 大叔又收貳以爲己邑 前兩屬者。今皆取以爲己邑 至于廩延 言轉侵多也。廩延。鄭邑。陳留酸棗縣北有延津 ○廩力錦反 子封曰可矣。厚將得衆 子封。公子呂也。厚謂土地廣大 公曰。不義不暱。厚將崩 不義於君。不親於兄。非衆所附。雖厚必崩 ○暱女乙反。親也。 大叔完聚 完城郭。聚人民 ○完音桓 繕甲兵。具卒乘 步曰卒。車曰乘 ○繕市戰反 乘繩證反。下同 將襲鄭。夫人將啓之 啓。開也 公聞其期。曰可矣。命子封帥車二百乘以伐京 古者

兵車一乘。甲士三人。步卒七十二人京叛大叔段。段入于鄢。公伐諸鄢。五月辛丑。大叔出奔共。共國。今汲郡共縣。○共音恭

書曰。鄭伯克段于鄢。段不弟。故不言弟。如二君。故曰克。稱鄭伯。譏失教也。謂之鄭志。不言出奔。難之也。傳言夫子作春秋。改舊史以明義。不早爲之所。而養成其惡。故曰失教。段實出奔。而以克爲文。明鄭伯志在於殺。難言其奔。○難乃旦反

遂寘姜氏于城潁。城潁。鄭地。○寘之豉反而誓之曰。不及黃泉。無相見也。地中之泉。故曰黃泉既而悔之。潁考叔爲

潁谷封人封人。典封疆者聞之。有獻於公。公賜之食。食舍肉。公問之。對曰。小人有母。皆嘗小人之食矣。未嘗君之羹。請以遺之。食而不啜羹。欲以發問也。宋華元殺羊爲羹饗士。蓋古賜賤官之常。○舍音捨。遺唯季反。下同。華戶化反公曰。爾有母遺。繄我獨無。繄。語助。○繄烏兮反。又烏帝反潁考叔曰。敢問何謂也。據武姜在。設疑也公語之故。且告之悔。對曰。君何患焉。若闕地及泉。隧而相見。其誰曰不然。隧。若今延道。○語魚據反。闕其月反。隧音遂公從之。公入而賦大隧之中。其樂也融融。賦。賦詩也。融融。和樂也。（樂）音洛。下同姜出而賦大隧之外。其樂也洩洩。洩洩。舒散也。（洩）羊世反遂爲母子如初。君子曰。潁考叔純孝也。純猶篤也愛其母施及莊公。詩曰。孝子不匱。永錫爾類。其是之謂乎。不匱。純孝也。莊公雖失之於初。孝心不忘。考叔感而通之。所謂永錫爾類。詩人之作。各以情言。君子論之。不以文害意。故春秋傳引詩。不皆與今說詩者同。他皆放此。（施）以豉反。又式智反。（匱）其位反秋七月。天王使宰咺來歸惠公仲子之賵。緩。且子氏未薨。

故名〔惠公葬在春秋前。故曰緩也。子氏，仲子也。薨在二年。賵，助喪之物。〕天子七月而葬。同軌畢至。〔言同軌，以別四夷之國。○(別)彼列反。〕諸侯五月。同盟至。〔同在方嶽之盟。〕大夫三月。同位至。〔古者行役不踰時。〕士踰月。外姻至。〔踰月，度月也。姻猶親也。此言赴弔各以遠近爲差。因爲葬節。〕贈死不及尸。〔尸，未葬之通稱。○(稱)尺證反。〕弔生不及哀。〔諸侯已上，既葬則縗麻除。無哭位，諒闇終喪。○(上)時掌反。(縗)七雷反。(諒)音亮，又音良。(闇)如字。〕豫凶事。非禮也。〔仲子在，而來贈，故曰豫凶事。〕

八月。紀人伐夷。夷不告。故不書。〔夷國在城陽莊武縣。紀國在東莞劇縣。〕

縣。隱十一年傳例曰。凡諸侯有命。告則書。不然則否。史不書於策。故夫子亦不書于經。傳見其事。以明春秋例也。他皆放此。(莞)音官

有蜚不爲災亦不書蜚負蠜也。莊二十九年傳例曰。凡物不爲災不書。又於此發之者。明傳之所據非唯史策。兼采簡牘之記。他皆放此。(蜚)扶味反(蠜)音煩

惠公之季年。敗宋師于黃。黃。宋邑。陳留外黃縣東有黃城。(敗)音拜。敗他也。後放此

公立而求成焉。九月。及宋人盟于宿。始通也。經無義例。故傳直言其歸趣而已。他皆放此

冬十月庚申。改葬惠公。公弗臨。故不書以桓爲大子。故隱公讓而不敢爲喪主。隱攝君政。故據隱而言

惠公

之薨也。有宋師。大子少。葬故有闕。是以改葬。○少去聲

衛侯來會葬。不見公。亦不書。諸侯會葬。非禮也。不得接公成禮。故不書於策。他皆放此。衛國在汲郡朝歌縣。○朝如字

鄭共叔之亂。公孫滑出奔衛。公孫滑。共叔段之子。○滑于八反。又乎八反衛人爲之伐鄭。取廩延。鄭人以王師虢師伐衛南鄙。虢。西虢國也。弘農陝縣東南有虢城。○爲于僞反。陝失冉反請師於邾。邾子使私於公子豫。公子豫。魯大夫。私請師。○豫音預豫請往。公弗許。遂行。及邾人鄭人盟于翼。翼。邾地

不書非公命也新作南門不書亦非公命也非公命不書。三見者。皆興作大事。各舉以備文。十二月祭伯來非王命也眾父卒眾父。公子益師字。○眾音終公不與小斂故不書日禮。卿佐之喪。小斂大斂。君皆親臨之。崇恩厚也。始死。情之所篤。禮之所崇。故以小斂爲文。至於但臨大斂。及不臨其喪。亦同不書日。○與音預。斂力驗反。注皆同

經二年春公會戎于潛戎。狄。夷。蠻。皆氐羌之別種也。戎而書會者。順其俗以爲禮。皆謂居中國。若戎子駒支者。陳留濟陽縣東南有戎城。潛。魯地。○氐都兮反。羌。卻良反。種。章勇反。駒。音拘濟。子禮反。水名。凡地名皆同夏五月莒人

入向向。小國也。譙國龍亢縣東南有向城。莒國。今城陽莒縣也。將卑師少稱人。弗地曰入。例在襄十三年。○向舒亮反。亢音剛。又苦浪反。無駭帥師入極無駭魯卿。極附庸小國。無駭不書氏。未賜族。賜族例在八年。○駭戶楷反。秋八月庚辰，公及戎盟于唐高平方與縣北有武唐亭。八月無庚辰。庚辰，七月九日也。日月必有誤。○方音房。與音預。九月，紀裂繻來逆女裂繻，紀大夫。傳曰卿爲君逆也。以別卿自逆也。逆女或稱使。或不稱使。昏禮不稱主人。史各隨其實而書。非例也。他放此。○繻音須。冬十月，伯姬歸于紀無傳。伯姬。魯女。裂繻所逆者。紀子帛、莒子盟于密子帛。裂繻字也。莒魯有怨。紀侏既昏于魯，使大夫盟莒，以和解之。子帛爲魯結好息民，故傳曰魯故也。比之內大夫而在莒子上，稱字以嘉之也。字例在閔元年。密，莒邑。城陽淳于縣東北有密鄉。○帛音白。解如字。又戶買反。好呼報反。

十有二月乙卯，夫人子氏薨。無傳。桓未爲君。仲子不應稱夫人。隱讓桓以爲大子，成其母喪，以赴諸侯，故經於此稱夫人也。不反哭，故不書葬。例在三年。

鄭人伐衛。凡師有鐘鼓曰伐。例在莊二十九年。

傳二年春，公會戎于潛，脩惠公之好也。戎請盟。公辭。許其脩好而不許其盟。禦夷狄者，不壹而足。○好呼報反，下同。

莒子娶于向，向姜不安莒而歸。夏，莒人入向，以姜

氏還傳言失昏姻之義。凡得失小。故經無異文。而傳備其事。案文。則是非足以爲戒。他皆放此○還音旋。後皆同

司空無駭入極。費庈父勝之魯司徒司馬司空皆卿也。庈父費伯也。前年城郎。今因得以勝極。故傳於前年發之○庈音琴

戎請盟。秋盟于唐。復脩戎好也。○復扶又反

九月紀裂繻來逆女。卿爲君逆也。○爲于僞反

冬紀子帛莒子盟于密。魯故也。鄭人伐衛。討公孫滑之亂也。治元年取廩延之亂

經三年春王二月己巳。日有食之。無傳。日行遲。一歲一

周天。月行疾。一月一周天。一歲凡十二交會。然日月動物。雖行度有大量。不能不小有盈縮。故有雖交會而不食者。或有頻交而食者。唯正陽之月。君子忌之。故有伐鼓用幣之事。今釋例以長歷推經傳。明此食是二月朔也。不書朔。史失之。書朔日例在桓十七年。○巳巳上音紀。下音祀。後倣此。食如字。本或作蝕。音同。量音亮。縮所六反。

三月庚戌。天王崩。

周平王也。實以壬戌崩。欲諸侯之速至。故遠日以赴。春秋不書實崩日。而書遠日者。即傳其偽以懲創臣子之過也。襄二十九年。傳曰。鄭上卿有事。使印段如周會葬。今不書葬。魯不會。○即傳直專反。印因刃反。

夏四月辛卯。君氏卒。

隱不敢從正君之禮。故亦不敢備禮於其母。

秋。武氏子來求賻。

武氏

子。天子大夫之嗣也。平王喪在殯。新王未得行其爵命。聽於冢宰。故傳曰。王未葬。釋其所以稱父族。又不稱使也。魯不共奉王喪。致令有求。經直文以示不敬。故傳不復具釋也。【賵】音附【共】音恭

八月庚辰。宋公和卒。稱卒者。略外以別內也。元年大夫盟於宿。故赴以名。例在七年。【別】音鼈

冬十有二月。齊侯鄭伯盟于石門。來告。故書。石門。齊地。或曰濟北盧縣故城西南濟水之門。

癸未。葬宋穆公。無傳。魯使大夫會葬。故書。始死書卒。史在國承赴。爲君故。惡其薨名。改赴書也。書葬則舉謚稱公者。會葬者在外。據彼國之辭也。書葬例在昭六年。【爲】于僞反【惡】烏路反

傳。三年。春。王三月。壬戌。平王崩。赴以庚戌。故書之。夏。君氏卒。聲子也。不赴於諸侯。不反哭于寢。不祔于姑。故不曰薨。不稱夫人。故不言葬。夫人喪禮有三。薨則赴於同盟之國。一也。既葬。日中自墓反虞於正寢。所謂反哭于寢。二也。卒哭而祔於祖姑。三也。若此則書曰夫人某氏薨。葬我小君某氏。此備禮之文也。其或不赴不祔。則爲不成喪。故死不稱夫人薨。葬不言葬我小君某氏。反哭則書葬。不反哭則不書葬。今聲子三禮皆闕。釋例論之詳矣。○祔音附不書姓。爲公故曰君氏不書姓。辟正夫人也。隱見爲君。故特書於經。稱曰君氏。以別凡妾媵。○爲公。于僞反鄭武公、莊公爲平王卿士。卿士，王卿之執政者。言父子秉周之政。王貳于虢。虢，西虢公，亦仕王朝。王欲分政於虢，不復專任鄭伯。○朝，直遥反。復，扶又反。任，而鴆反。後不音者皆同。鄭伯怨王。王曰：無之。故周、鄭交質。王子狐爲質於鄭，鄭公子忽爲質於周。王子狐，平王子。○質音致。下同。狐音胡。王崩，周人將畀虢公政。周人遂成平王本意。○畀，必二反，與也。四月，鄭祭足帥師取温之麥。秋，又取成周之禾。四月，今二月也。秋，今之夏也。麥禾皆未熟，言取者，蓋芟踐之。温，今河内温縣。成周，洛陽縣也。○祭，側界反。芟，所衛反。周鄭交惡。兩相疾惡。君子曰。信不由中。質無益也。明恕而行。要之以禮。雖無有質。誰能間之。苟有明信。澗谿沼沚之毛。谿亦澗也。沼池也。沚小渚也。毛草也。○要於遙反。蘋蘩薀藻之菜。蘋大蓱也。蘩皤蒿。薀藻聚藻也。○薀紆粉反。蓱蒲丁反。皤蒲多反。白蒿也。筐筥錡釜之器。方曰筐。圓曰筥。無足曰釜。有足曰錡。○筐丘方反。筥九呂反。錡其綺反。筐筥皆器也。潢汙行潦之水。潢汙渟水。行潦流潦。○潢音黃。汙音烏。可薦於鬼神。可羞於王公。羞進也。而況君子結二國之信。行之以禮。又馬用質通言盟約彼此之情。故言二國。○焉於虔反風有采蘩采蘋采蘩、采蘋，詩國風。義取於不嫌薄物。雅有行葦泂酌行葦、泂酌，詩大雅也。行葦篇義取忠厚也。泂酌篇義取雖行潦可以共祭祀也。○泂音迥昭忠信也明有忠信之行。雖薄物皆可爲用。○行下孟反武氏子來求賻王未葬也。宋穆公疾。召大司馬孔父而屬殤公焉。曰。先君舍與夷而立寡人先君穆公兄宣公也。與夷。宣公子。即所屬殤公。○屬章欲反。殤舒羊反。舍音捨。與如字。一音餘寡人弗敢忘。若以大夫之靈。得保首領以没。先君若問與夷。其將何辭以對請子奉之以主社稷寡人雖死亦無悔焉對曰羣臣願奉馮也（馮穆公子莊公也○馮皮冰反）公曰不可先君以寡人爲賢使主社稷若弃德不讓是廢先君之舉也豈曰能賢（言不讓則不足稱賢）光昭先君之令德可不務乎吾子其無廢先君之功（先君以舉賢爲功我若不賢是廢之）使公子馮出居於鄭（辟殤公也）八月庚辰宋穆公卒殤公即位

君子曰宋宣公可謂知人矣立穆公其子饗

之命以義夫命出於義也。夫語助。○夫音符商頌曰殷受命咸宜百祿是荷其是之謂乎詩頌言殷湯武丁。受命皆以義，故任荷天之百祿也。帥義而行，則殤公宜受此命。宜荷此祿。公子馮不帥父義，忿而出奔，因鄭以求入，終傷咸宜之福，故知人之稱，唯在宣公也。殷禮有兄弟相及，不必傳子孫。宋其後也。故指稱商頌。○荷河可反。又音何。稱尺證反

冬。齊鄭盟于石門。尋盧之盟也盧盟在春秋前。盧，齊地。今濟北盧縣故城庚戌。鄭伯之車僨于濟既盟而遇大風。傳記異也。十二月無庚戌。日誤。○僨弗問反。仆也

衛莊公娶于齊東宮得臣之妹。曰莊姜得臣

齊大子也。大子不敢居上位。故常處東宮美而無子。衛人所爲賦碩人也碩人詩。義取莊姜美于色。賢于德。而不見荅。終以無子。國人憂之。○爲于僞反又娶于陳。曰厲嬀。生孝伯。早死陳。今陳國陳縣。○嬀九危反其娣戴嬀。生桓公。莊姜以爲己子嬀。陳姓也。厲戴皆謚。雖爲莊姜子。然大子之位未定公子州吁。嬖人之子也嬖親幸也。○吁況于反。嬖必計反。賤而得幸曰嬖有寵而好兵。公弗禁。莊姜惡之。石碏諫曰。臣聞愛子。教之以義方。石碏。衛大夫。○碏七略反弗納於邪。驕奢淫泆。所自邪也。四者之來寵祿過也。將立州吁。乃定之矣。若猶未也。階之爲禍。言將立爲大子。則宜早定。若不早定。州吁必緣寵而爲禍。○泆音逸夫寵而不驕。驕而能降。降而不憾。憾而能眕者。鮮矣。如此者少也。降其身則必恨。恨則思亂。不能自安自重。○憾胡暗反。眕之忍反。重也。鮮息淺反且夫賤妨貴。少陵長。遠閒親。新閒舊。小加大。小國而加兵於大國。如息侯伐鄭之比。○妨音芳。少詩照反。長丁丈反。閒閒廁之閒。下同。比必二反淫破義。所謂六逆也。君義。臣行。父慈。子孝。兄愛。弟敬。所謂六順也臣行君之義去順效逆所以速禍也君人者將禍是務去而速之無乃不可乎弗聽其子厚與州吁游禁之不可桓公立乃老老致仕也四年經書州吁弑其君故傳先經以始事○去起呂反先悉薦反

經四年春王二月莒人伐杞取牟婁無傳書取言易也例在襄十三年杞國本都陳留雍丘縣推尋事跡桓六年淳于公亡國杞似并之遷都淳于僖十四年又遷緣陵襄二十九年晉人城杞之淳于杞又遷都淳于牟婁杞邑城陽諸縣東北有婁鄉○杞音起牟亡侯反易以豉反雍於用反

戊申衛州吁

弑其君完稱臣弑君。臣之罪也。例在宣四年。戊申。三月十七日。有日而無月

夏。公及宋公遇于清遇者。草次之期。二國各簡其禮。若道路相逢遇也。清。衛邑。濟北東阿縣有清亭宋公陳侯蔡人衛人伐鄭。秋。

翬帥師會宋公陳侯蔡人衛人伐鄭公子翬。魯大夫。不稱公子。疾其固請。强君以不義也。諸外大夫貶。皆稱人。至於內大夫貶。則皆去族稱名。於記事之體。他國可言某人。而已國之卿佐。不得言魯人。此所以爲異也。翬。溺。去族。傳曰疾之。叔孫豹。則曰言違命。此其例也 ○翬許歸反 强其丈反 去起呂反。下同 溺乃歷反

九月。衛人殺州吁于濮州吁弑君而立。未列於會。故不稱君。例在

成十六年。濮。陳地水名。○濮音卜

冬。十有二月。衛人立晉。衛人逆公子晉而立之。善其得衆。故不書入於衛。變文以示義。例在成十八年。

傳。四年。春。衛州吁弒桓公而立。公與宋公爲會。將尋宿之盟。未及期。衛人來告亂。夏。公及宋公遇于清。宿盟在元年宋殤公之即位也。公子馮出奔鄭。鄭人欲納之。及衛州吁立。將脩先君之怨於鄭。謂二年鄭人伐衛之怨而求寵於諸侯。以和其民。諸篡立者。諸侯既與之會。則不復討。故欲求此寵使告於宋曰君若伐鄭以除君害害謂公子馮君爲主敝邑以賦與陳蔡從則衞國之願也言舉國之賦調○從才用反調徒弔反宋人許之於是陳蔡方睦於衞蔡今汝南上蔡縣故宋公陳侯蔡人衞人伐鄭圍其東門五日而還公問於衆仲曰衞州吁其成乎衆仲魯大夫對曰臣聞以德和民不聞以亂亂謂阻兵而安忍以亂猶治絲而棼之也絲見棼縕益所以亂○棼音墳縕於云反夫州吁阻兵而安忍阻兵無衆安忍無親

衆叛親離。難以濟矣。恃兵則民殘。民殘則衆叛。安忍則刑過。刑過則親離。夫兵猶火也。弗戢。將自焚也。夫州吁弒其君而虐用其民。於是乎不務令德而欲以亂成。必不免矣。○戢莊立反秋。諸侯復伐鄭。宋公使來乞師。乞師不書。非卿。公辭之。從衆仲之言羽父請以師會之。羽父。公子翬公弗許。固請而行。故書曰翬帥師。疾之也。諸侯之師敗鄭徒兵。取其禾而還。時鄭不車戰州吁未能和其民。厚問定君於石子石子。石碏也。以州吁不安。諮其父石子曰。王覲爲可。曰。何以得覲。曰。陳桓公方有寵於王。陳衛方睦。若朝陳使請。必可得也。厚從州吁如陳。石碏使告于陳曰。衛國褊小。老夫耄矣。無能爲也。此二人者。實弑寡君。敢即圖之。八十曰耄。稱國小已老。自謙以委陳。使因其往。就圖之。陳人執之。而請涖于衛。請衛人自臨討之。涖音利九月。衛人使右宰醜涖殺州吁于濮。石碏使其宰獳羊肩涖殺石厚于陳。君子曰。石碏純臣也。惡州吁而厚與焉。大義滅親，其是之謂乎。子從弑君之賊。國之大逆，不可不除。故曰大義滅親。明小義則當兼子愛之。〇孺，奴侯反。惡，烏路反。與焉，音預。

衛人逆公子晉于邢。冬十二月，宣公即位。公子晉也。〇邢，音刑。國名。書曰衛人立晉。衆也。

經五年春，公矢魚于棠。書陳魚，以示非禮也。書棠，譏遠地也。今高平方與縣北有武唐亭，魯侯觀魚臺。夏四月，葬衛桓公。秋，衛師入郕。將卑師衆，但稱師，此史之常也。〇郕，音成。國名。九月，考仲子之宮。初獻六羽成仲子宮。安其主而祭之。惠公以仲子手文。娶之。欲以爲夫人。諸侯無二嫡。蓋隱公成父之志。爲別立宮也。公問羽數。故書羽。婦人無謚。因姓以名宮

邾人。鄭人伐宋邾主兵。故序鄭上螟無傳。蟲食苗心者。爲災。故書

冬十有二月辛巳。公子彄卒大夫書卒不書葬。葬者臣子之事。非公家所及彄苦侯反

宋人伐鄭。圍長葛潁川長社縣北有長葛城

傳。五年春。公將如棠觀魚者。臧僖伯諫曰。凡物不足以講大事臧僖伯。公子彄也。僖謚也。大事。祀與戎其材

不足以備器用則君不舉焉材謂皮革齒牙骨角毛羽也器用軍國之器君將納民於軌物者也故講事以度軌量謂之軌取材以章物采謂之物不軌不物謂之亂政亂政亟行所以敗也言器用衆物不入法度則爲不軌不物亂敗之所起〇度待洛反一音如字〇亟欺冀反數也故春蒐夏苗秋獮冬狩蒐索擇取不孕者苗爲苗除害也獮殺也以殺爲名順秋氣也狩圍守也冬物畢成獲則取之無所擇也〇蒐所求反〇獮息淺反皆於農隙以講事也各隨時事之間〇隙去逆反三年而治兵入

而振旅雖四時講武。猶復三年而大習。出曰治兵。始治其事。入曰振旅。治兵禮畢。整衆而還。振。整也。旅。衆也。歸而飲至以數軍實飲於廟。以數車徒器械。及所獲也。○數所主反昭文章車服旌旗明貴賤辨等列等列。行伍。順少長出則少者在前。還則在後。所謂順也。○少詩照反習威儀也。鳥獸之肉不登於俎俎。祭宗廟器皮革齒牙骨角毛羽不登於器謂以飾法度之器則公不射古之制也。若夫山林川澤之實器用之資皁隸之事。官司之守非君所及也士臣皁。皁臣輿。輿臣隸。言取此雜猥之物。以資器備。是小臣有司之職。非諸侯之所親也。○射食亦反皁才早反公曰。吾將略地焉孫辭以略地。略。揔攝巡行之名。傳曰。東略之不知。西則否矣。○行下孟反遂往陳魚而觀之陳設張也。公大設捕魚之備而觀之僖伯稱疾不從。書曰。公矢魚于棠。非禮也。且言遠地也矢亦陳也。棠實他竟。故曰遠地。○從才用反曲沃莊伯以鄭人。邢人。伐翼。曲沃。晉別封成師之邑。在河東聞喜縣。莊伯。成師子也。翼。晉舊都。在平陽絳邑縣東。邢國。在廣平襄國縣。○沃烏毒反王使尹氏武氏助之。翼侯奔隨。尹氏。武氏。皆周世族大夫也。晉內相攻伐。不告亂。故

不書。傳具其事。爲後晉事張本。曲沃及翼本末見桓二年。隨。晉地

夏。葬衛桓公。衛亂。是以緩有州吁之亂。十四月乃葬。傳明其非慢也

四月。鄭人侵衛牧牧。衛邑。經書夏四月葬衛桓公。今傳直言夏。而更以四月附鄭人侵衛牧者。於下事。宜得月以明事之先後。故不復備舉經文。三年君氏卒。其義亦同。他皆放此

以報東門之役東門役在四年衛人以燕師伐鄭南燕國。今東郡燕縣鄭祭足原繁洩駕以三軍軍其前。使曼伯與子元潛軍軍其後。燕人畏鄭三軍。而不虞制人北制。鄭邑。今河南成皋縣也。一名虎牢。○洩息列反六月。

鄭二公子以制人敗燕師于北制（二公子，曼伯、子元也。）君子曰：不備不虞，不可以師。曲沃叛王。秋，王命虢公伐曲沃，而立哀侯于翼。（春，翼侯奔隨，故立其子光。）衞之亂也，郕人侵衞，故衞師入郕。（郕，國也。東平剛父縣西南有郕鄉。）九月，考仲子之宮，將萬焉。（萬，舞也。）公問羽數於衆仲。（問執羽人數。）對曰：天子用八，（八八六十四人。）諸侯用六，（六六三十六人。）大夫四，（四四十六人。）士二。（二二四人。士有功，賜用樂。）夫舞所以節八音而行八風，（八音，金石絲竹匏土革木也。八風。八方之風也。以八音之器。播八方之風。手之舞之。足之蹈之。節其制而序其情。○八音。金。鐘。石。磬。絲。琴瑟。竹。簫管。土。塤。木。柷敔。匏。笙。革。鼓也。八方之風。謂東方谷風。東南清明風。南方凱風。西南涼風。西方閶闔風。西北不周風。北方廣莫風。東北融風

故自八以下。唯天子得盡物數。故以八爲列。諸侯則不敢用八公從之。於是初獻六羽。始用六佾也。魯唯文王周公廟得用八。而他公遂因仍僭而用之。今隱公特立此婦人之廟。詳問衆仲。衆仲因明大典。故傳亦因言始用六佾。其後季氏舞八佾於庭。知唯在仲子廟用六。○佾音逸宋人取邾田。邾人告於鄭曰。請君釋憾於宋。敝邑爲道。

釋四年再見伐之恨。【道】音導鄭人以王師會之王師不書不以告也伐宋入其郛以報東門之役郛郭也東門役在四年。【郛】芳夫反宋人使來告命告命策書公聞其入郛也將救之問於使者曰師何及對曰未及國忿公知而故問責窮辭。【使】所吏反公怒乃止辭使者曰君命寡人同恤社稷之難今問諸使者曰師未及國非寡人之所敢知也爲七年公伐邾傳。【難】乃旦反冬十二月辛巳臧僖伯卒公曰叔父有憾於寡人諸侯稱同姓大夫。長曰伯父。少曰叔父。有恨。恨諫觀魚不聽。寡人弗敢忘。葬之加一等。加命服之等。宋人伐鄭圍長葛。以報入郛之役也。

經六年。春。鄭人來渝平。和而不盟曰平。○渝羊朱反。變也。○夏。五月辛酉。公會齊侯盟于艾。泰山牟縣東南有艾山。○艾五蓋反。秋。七月。雖無事而書首月。具四時以成歲也。他皆放此。冬。宋人取長葛。秋取。冬乃告也。上有伐鄭圍長葛。長葛鄭邑可知。故不言鄭也。前年冬圍不克而還。今冬乘長葛無備而取之。言易也。○易以豉反。

乾隆四十八年……二三

傳六年。春。鄭人來渝平。更成也。渝。變也。公之爲公子。戰於狐壤。爲鄭所執。逃歸。怨鄭。鄭伐宋。公欲救宋。宋使者失辭。公怒而止。忿宋則欲厚鄭。鄭因此而來。故經書渝平。傳曰更成翼九宗五正頃父之子嘉父逆晉侯于隨翼。晉舊都也。唐叔始封。受懷姓九宗。職官五正。遂世爲晉强家。五正。五官之長。九宗。一姓爲九族也。納諸鄂。頃父之子嘉父。晉大夫。○頃音傾晉人謂之鄂侯鄂。晉別邑。諸地名疑者皆言有。以示不審。闕者不復記其闕。他皆放此。前年桓王立此侯之子於翼。故不得復入翼。別居鄂夏盟于艾。始平于齊也春秋前。魯與齊不平。今乃棄惡結好。故言始平于齊。○好呼報

反

五月。庚申。鄭伯侵陳。大獲。往歲。鄭伯請成于陳。成猶平也陳侯不許。五父諫曰。親仁善鄰。國之寶也。君其許鄭。五父。陳公子佗陳侯曰。宋衛實難。可畏難也。○難乃旦反鄭何能爲。遂不許。君子曰。善不可失。惡不可長。其陳桓公之謂乎。長惡不悛。從自及也。悛。止也。從。隨也。○悛七全反雖欲救之。其將能乎。商書曰。惡之易也。如火之燎于原。不可鄉邇。商書盤庚。言惡易長。如火焚原野。不可鄉近其猶可撲滅。言不可撲

乾隆四十八年

滅。周任有言周任，周大夫。曰：「爲國家者，見惡如農夫之務去草焉，芟夷蘊崇之，絶其本根，勿使能殖，則善者信矣。」芟，刈也。夷，殺也。蘊，積也。崇，聚也。○去，起呂反。芟，所銜反。蘊，紆粉反。信，如字，一音申。

秋，宋人取長葛。冬，京師來告饑。公爲之請糴於宋、衛、齊、鄭，禮也。告饑不以王命，故傳言京師，而不書於經也。雖非王命，而公共以稱命。己國不足，旁請鄰國，故曰禮也。傳見隱之賢。○爲，于僞反。

鄭伯如周，始朝桓王也。桓王即位，周鄭交惡，至是乃朝，故曰始。王不禮焉。周桓公言於王曰：「我周之東遷，晉鄭焉依。周桓公，周公黑肩也。周，采地。扶風雍縣東北有周城。幽王爲犬戎所殺，平王東徙，晉文侯、鄭武公左右王室，故曰晉鄭焉依。○焉依，如字，或於虔反。善鄭以勸來者，猶懼不蔇，蔇，至也。○蔇，其器反。況不禮焉？鄭不來矣。」爲桓五年諸侯從王伐鄭傳。

經七年春王三月，叔姬歸于紀。無傳。叔姬，伯姬之娣也。至是歸者，待年於父母國，不與嫡俱行，故書。

滕侯卒。傳例曰：不書名，未同盟也。滕國在沛國公丘縣東南。○沛音貝。

夏，城中丘。城例在莊二十九年。中丘在琅邪臨沂縣東北。

齊侯使其弟年來聘。諸聘皆使卿執玉帛以相存問，例在襄九年秋。公伐邾。冬。天王使凡伯來聘。凡伯。周卿士。凡國。伯爵也。汲郡共縣東南有凡城戎伐凡伯于楚丘以歸。戎鳴鐘鼓以伐天子之使。見夷狄强虣。不書凡伯敗者。單使無衆。非戰陳也。但言以歸。非執也。楚丘衛地。在濟陰成武縣西南。○虣蒲報反

傳。七年。春。滕侯卒。不書名。未同盟也。凡諸侯同盟。於是稱名。故薨則赴以名。盟以名告神。故薨亦以名告同盟告終。稱嗣也。以繼好息民。告亡者之終。稱嗣位之主。嗣位之主。當奉而不忘。故曰繼好。好同則和親。故曰息民謂之禮經。此言凡例

乃周公所制禮經也。十一年不告之例。又曰不書於策。明禮經皆當書於策。仲尼脩春秋皆承策爲經。丘明之傳。博采衆記。故始開凡例。特顯此二句。他皆放此 夏城中丘。書不時也。齊侯使夷仲年來聘。結艾之盟也。艾盟在六年 秋宋及鄭平。七月庚申盟于宿。公伐邾。爲宋討也。公距宋而更與鄭平。欲以鄭爲援。今鄭復與宋盟。故懼而伐邾。欲以求宋。故曰爲宋討。○爲宋，于僞反 初戎朝于周。發幣于公卿。凡伯弗賓。朝而發幣於公卿。如今計獻詣公府卿寺 冬王使凡伯來聘。還。戎伐之于楚丘以歸。傳言凡伯所以見伐陳及鄭平六年鄭侵陳大獲。今乃平十二月陳五父如鄭涖盟涖，臨也壬申及鄭伯盟歃如忘志不在於歃血。㊀歃色洽反，忘亡亮反。服虔云：如，而也。洩伯曰：五父必不免，不賴盟矣。洩伯，鄭洩駕。㊀洩息列反鄭良佐如陳涖盟良佐，鄭大夫辛巳及陳侯盟，亦知陳之將亂也。入其國，觀其政治。故摠言之也。皆爲桓五年、六年陳亂，蔡人殺陳佗傳鄭公子忽在王所。故陳侯請妻之。以忽有王寵故。㊀妻七計反鄭伯許之，乃成昏。爲鄭忽失齊昏援以至出奔傳

經八年。春。宋公。衛侯。遇于垂。垂。衛地。濟陰句陽縣東北有垂亭。○句古侯反

三月。鄭伯使宛來歸祊。宛。鄭大夫。不書氏。未賜族。祊。鄭祀泰山之邑。在琅邪費縣東南。○宛於阮反。祊必彭反。費音秘

庚寅。我入祊。桓元年。乃卒易祊田。知此入祊。未肯受而有之

夏六月。己亥。蔡侯考父卒。無傳。襄六年傳曰。杞桓公卒。始赴以名。同盟故也。諸侯同盟稱名者。非唯見在位二君也。嘗與其父同盟。則亦以名赴其子。亦所以繼好也。蔡未與隱盟。蓋春秋前與惠公盟。故赴以名。○見賢遍反

辛亥。宿男卒。無傳。元年。宋魯大夫盟于宿。宿與盟也。晉荀偃禱河。稱齊晉君名。然後自稱名。知雖大夫出盟。亦當先稱己君之名。

以啓神明。故甍皆從身盟之例。當告以名也。傳例曰。赴以名。則亦書之。不然則否。辟不敏也。今宿赴不以名。故亦不書名。諸例或發於始事。或發於後者。因宜有所異同。亦或丘明所得記注本末。不能皆備故。秋七月庚午。宋公齊侯衞侯盟于瓦屋。齊侯尊宋使主會。故宋公序齊上。瓦屋。周地。八月葬蔡宣公。無傳。三月而葬。速。九月辛卯。公及莒人盟于浮來。莒人微者。不嫌敵公侯。故直稱公。例在僖二十九年。浮來。紀邑。東莞縣北有邳鄉。邳鄉西有公來山。號曰邳來閒。○邳蒲悲反。螟。無傳。爲災。冬十有二月無駭卒。公不與小斂。故不書日。卒而後賜族。故不書氏。

傳。八年。春。齊侯將平宋衛平宋衛於鄭有會期。宋公以幣請於衛。請先相見宋敬齊命衛侯許之。故遇于犬丘犬丘垂也。地有兩名鄭伯請釋泰山之祀而祀周公。以泰山之祊易許田。三月。鄭伯使宛來歸祊。不祀泰山也成王營王城。有遷都之志。故賜周公許田。以爲魯國朝宿之邑。後世因而立周公別廟焉。鄭桓公。周宣王之母弟。封鄭。有助祭泰山湯沐之邑在祊。鄭以天子不能復巡狩。故欲以祊易許田。各從本國所近之宜。恐魯以周公別廟爲疑。故云已廢泰山之祀。而欲爲魯祀周公。孫辭以有求也。許田。近許之田夏。虢公忌父始作卿士于周周人於此遂畀之政四月甲辰。鄭公子忽如陳。逆婦嬀。辛亥。以嬀氏歸。甲寅。入于鄭。陳鍼子送女。先配而後祖。鍼子曰。是不爲夫婦。誣其祖矣。非禮也。何以能育鍼子陳大夫。禮。逆婦必先告祖廟而後行。故楚公子圍稱告莊共之廟。鄭忽先逆婦而後告廟。故曰先配而後祖。○鍼其廉反齊人卒平宋衛于鄭。秋。會于溫。盟于瓦屋。以釋東門之役。禮也會溫不書。不以告也。定國息民。故曰禮也。平宋衛二國。忿鄭之謀。鄭不與盟。故不書八月丙戌。鄭伯以齊人朝王禮也言鄭伯不以虢公得政而背王。故禮之。齊稱人。略從國辭。上有七月庚午，下有九月辛卯，則八月不得有丙戌公及莒人盟于浮來以成紀好也二年紀莒盟于密。爲魯故。今公尋之。故曰以成紀好冬齊侯使來告成三國齊侯冬來告。稱秋和三國公使衆仲對曰君釋三國之圖以鳩其民君之惠也寡君聞命矣敢不承受君之明德鳩集也無駭卒羽父請謚與族公問族於衆仲衆仲對曰天子建德立有德以爲諸侯因生以賜姓因其所由生以賜姓謂若舜由嬀汭。故陳爲嬀姓。胙之土而命之氏。報之以土。而命氏曰陳。胙才故反。諸侯以字。諸侯位卑。不得賜姓。故其臣。因氏其王父字。爲謚。因以爲族。或便即先人之謚。稱以爲族。官有世功。則有官族。邑亦如之。謂取其舊官舊邑之稱以爲族。皆稟之時君。稱尺證反。公命以字爲展氏。諸侯之子稱公子。公子之子稱公孫。公孫之子以王父字爲氏。無駭。公子展之孫。故爲展氏。

經。九年春。天王使南季來聘。無傳。南季。天子大夫也。南。氏。季。字也。三月。癸酉。大雨震電。庚辰。大雨雪。三月。今正月。

雨雪。于付反。傳同挾卒無傳。挾，魯大夫。未賜族。○挾音協夏城郎。秋

七月。冬，公會齊侯于防。防，魯地，在琅邪華縣東南

傳九年春王三月癸酉，大雨霖以震，書始也。

書癸酉，始雨日庚辰，大雨雪，亦如之。書時失也。夏之正月。微陽始出，未可震電。既震電，又不當大雨雪，故皆爲時失凡雨自三日以往爲霖。此解經書霖也。而經無霖字，經誤平地尺爲大雪。夏

城郎，書不時也。宋公不王。不共王職鄭伯爲王左卿士，以王命討之，伐宋。宋以入郛之役怨公。

不告命。入郛在五年。公以七年伐邾。欲以說宋。而宋猶不和也。○說音悅。公怒。絶宋使。秋。鄭人以王命來告伐宋。遣使致王命也。伐宋未得志。故復更告之。冬。公會齊侯于防。謀伐宋也。北戎侵鄭。鄭伯禦之。患戎師。曰。彼徒我車。懼其侵軼我也。徒。步兵也。軼。突也。○軼音迭。又音逸。公子突曰。使勇而無剛者。嘗寇而速去之。公子突。鄭厲公也。嘗。試也。勇則能往。無剛不恥退。君爲三覆以待之。覆。伏兵也。○覆扶又反。下同。戎輕而不整。貪而無親。勝不相讓。敗不相救。先者見獲必務進。進而遇覆必速奔。後者不救。則無繼矣。乃可以逞。逞，解也。○輕遣政反從之。戎人之前遇覆者奔。祝聃逐之。祝聃，鄭大夫。○聃乃甘反。一音土甘反衷戎師。前後擊之。盡殪。爲三部伏兵。祝聃帥勇而無剛者先犯戎而速奔。以遇二伏兵。至後伏兵起。戎還走。祝聃反逐之。戎前後及中三處受敵。故曰衷戎師。殪，死也。○衷丁仲反，又音忠。殪於計反戎師大奔。後駐軍不復繼也十一月甲寅。鄭人大敗戎師。此皆春秋時事。雖經無正文。所謂必廣記而備言之。○將令學者原始要終。尋其枝葉。究其所窮。他皆放此。○要於遙反經十年春王二月公會齊侯鄭伯于中丘傳言正月會。癸丑盟。釋例推經傳日月。癸丑是正月二十六日。知經二月誤夏翬帥師會齊人鄭人伐宋公子翬不待公命而貪會二國之君。疾其專進。故去氏。齊鄭以公不至。故亦更使微者從之伐宋。不言及。明翬專行。非鄭之謀也。及例在宣七年六月壬戌公敗宋師于菅齊鄭後期。故公獨敗宋師。書敗宋未陳也。敗例在莊十一年。菅宋地。○菅古顔反辛未取郜辛巳取防鄭後至。得郜防二邑。歸功于魯。故書取。明不用師徒也。濟陰成武縣東南有郜城。高平昌邑縣西南有西防城。○郜古報反秋宋人衛人入鄭宋人蔡人衛人伐戴鄭伯伐取之三國伐戴，鄭伯因其不和伐而取之。書伐，用師徒也；書取，克之易也。戴國，今陳留外黃縣東南有戴城。冬十月壬午齊人鄭人入郕

傳十年春王正月公會齊侯鄭伯于中丘癸丑盟于鄧爲師期尋九年會于防，謀伐宋也。公既會而盟，盟不書，非後也，蓋公還告會而不告盟。鄧，魯地。夏五月羽父先會齊侯鄭伯伐宋言先會，明非公本期。釋翬之去族。六月戊申公會齊侯鄭伯于老桃會不書，不告於廟也。老桃，宋地。六月無戊申，戊申，五月二

十三日。日誤。壬戌。公敗宋師于菅。庚午。鄭師入郜。辛未。歸于我。庚辰。鄭師入防。辛巳。歸于我。壬戌。六月七日。庚午。十五日。庚辰。二十五日。鄭伯後期。而公獨敗宋師。故鄭頻獨進兵以入郜防。入而不有。命魯取之。推功上爵。讓以自替。不有其實。故經但書魯取。以成鄭志。善之也。

君子謂鄭莊公於是乎可謂正矣。以王命討不庭。下之事上。皆成禮於庭中。不貪其土。以勞王爵。正之體也。勞者敘其勤以荅之。諸侯相朝。逆之以饔餼。謂之郊勞。魯侯爵尊。鄭伯爵卑。故言以勞王爵。○勞力報反。蔡人。衛人。郕人。不會王命。不伐宋也。

秋七月庚寅，鄭師入郊，猶在郊。鄭師還駐兵於遠郊宋人、衛人入鄭，宋衛奇兵乘虛入鄭蔡人從之伐戴。從宋衛伐戴也八月壬戌，鄭伯圍戴。癸亥，克之，取三師焉。三國之軍在戴，故鄭伯合圍之。師者，軍旅之通稱。○稱，尺證反宋、衛既入鄭，而以伐戴召蔡人，伐戴乃召之蔡人怒，故不和而敗。言鄭取之易也九月戊寅，鄭伯入宋。報入鄭也。九月無戊寅，戊寅，八月二十四日冬，齊人、鄭人入郕，討違王命也。

經十有一年春，滕侯、薛侯來朝。諸侯相朝例在文十五年

夏，公會鄭伯于時來。時來。郲也。熒陽縣東有釐城。鄭地也。○釐音來。又力之反
秋七月壬午，公及齊侯、鄭伯入許。與謀曰及。還使許叔居之。故不言滅也。許。潁川許昌縣。○與音預。還音環
冬十有一月。壬辰，公薨。實弒。書薨。又不地者。史策所諱也

傳十一年春，滕侯、薛侯來朝，爭長。薛。魯國薛縣
薛侯曰：我先封。薛祖奚仲。夏所封。在周之前
滕侯曰：我周之卜正也。卜正。卜官之長
薛，庶姓也，我不可以後之。庶姓。非周之同姓
公使羽父請於薛侯曰：君與滕君辱

在寡人周諺有之曰山有木工則度之賓有禮主則擇之擇所宜而行之○度大洛反周之宗盟異姓爲後盟載書皆先同姓例在定四年寡人若朝于薛不敢與諸任齒薛任姓齒列也○任音壬君若辱貺寡人則願以滕君爲請薛侯許之乃長滕侯夏公會鄭伯于郲謀伐許也鄭伯將伐許五月甲辰授兵於大宫大宫鄭祖廟○大音泰公孫閼與潁考叔爭車公孫閼鄭大夫○閼於葛反潁考叔挾輈以走輈車轅也○輈張留

反　子都拔棘以逐之子都。公孫閼。棘。戟也。及大逵。弗及。子都怒。逵。道方九軌也。逵求龜反。九達謂之逵秋。七月。公會齊侯。鄭伯伐許。庚辰。傅于許。傅于許城下。傅音附潁考叔取鄭伯之旗蝥弧以先登。蝥弧。旗名。蝥亡侯反子都自下射之。顛。顛隊而死。射食亦反。隊直類反瑕叔盈又以蝥弧登。瑕叔盈。鄭大夫周麾而呼曰。君登矣。周。徧也。麾。招也。呼火故反鄭師畢登。壬午。遂入許。許莊公奔衞。奔不書。兵亂遁逃。未知所在齊侯以許讓公。公曰。君謂許不共。不共職貢。○共音恭。故從君討之。許既伏其罪矣。雖君有命。寡人弗敢與聞。乃與鄭人。鄭伯使許大夫百里奉許叔以居許東偏。許叔。許莊公之弟。東偏。東鄙也。○與音預。曰。天禍許國。鬼神實不逞于許君。而假手于我寡人。借手于我寡德之人以討許。寡人唯是一二父兄不能共億。父兄。同姓羣臣。共。給。億。安也。其敢以許自爲功乎。寡人有弟不能和協。而使餬其口於四方。弟。共叔段也。餬。鬻也。段出奔在元年。其況能久有許乎。吾子其奉許叔以撫柔此民也吾將使獲也佐吾子獲。鄭大夫公孫獲若寡人得沒于地以壽終天其以禮悔禍于許言天加禮於許。而悔禍之無寧茲許公復奉其社稷無寧。寧也。茲。此也。復扶又反。又音服。唯我鄭國之有請謁焉如舊昏媾謁。告也。婦之父曰昏。重昏曰媾其能降以相從也降。降心也無滋他族實偪處此。以與我鄭國爭此土也。吾子孫其覆亡之不暇。而況能禋祀許乎絜齊以享。謂之禋祀。謂許山川之祀寡人之使吾子處此，不唯許國之爲，亦聊以固吾圉也。圉，邊垂也。爲，于僞反。乃使公孫獲處許西偏，曰：凡而器用財賄，無寘於許，我死，乃亟去之。吾先君新邑於此，此，今河南新鄭，舊鄭在京兆。寘，之豉反。王室而既卑矣，周之子孫日失其序。鄭亦周之子孫。夫許，大岳之胤也，大岳，神農之後，堯四岳也。胤，繼也。大音泰。天而既厭周德矣，吾其能與許爭乎？君子謂鄭莊公於是乎有禮。禮，經國家，定社稷，序民人，利後嗣者也。許無刑而伐之，服而舍之，刑法也。度德而處之，量力而行之，相時而動，無累後人，我死乃亟去之，無累後人。○度，待洛反。量音良。相，息亮反。可謂知禮矣。鄭伯使卒出豭，行出犬雞，以詛射潁考叔者。百人爲卒，二十五人爲行。行亦卒之行列。疾射潁考叔者，故令卒及行閒皆詛之。○豭音加。行，戶剛反。

君子謂鄭莊公失政刑矣。政以治民，刑以正邪。既無德政，又無威刑，是以及邪。大臣不睦，又不能用刑於邪人。邪而詛之，將何益矣。王取鄔、劉、二邑在河南緱氏縣。西南有鄔聚。西北有劉亭。○鄔烏戶反 蔿邘之田于鄭 蔿。邘。鄭二邑。○蔿尤委反。邘音于 而與鄭人蘇忿生之田 蘇忿生。周武王司寇蘇公也。○忿芳粉反 溫 今溫縣 原 在沁水縣西 絺 在野王縣西南。○絺勑之反 樊 一名陽樊。野王縣西南有陽城 隰郕 在懷縣西南 欑茅 在脩武縣北。○欑才官反 向 軹縣西有地名向上。○向音餉 盟 今盟津。○盟音孟 州 今州縣 陘 闕。○陘音刑 隤 在脩武縣北。○隤徒回反 懷 今懷縣。凡十二邑，皆蘇忿生之田。欑茅。隤。屬汲郡。餘皆屬河內 君子是以知桓王之失鄭也。恕而行之，德之則也。禮之經也。已弗能有而以與人，人之不至，不亦宜乎。蘇氏叛王。十二邑王所不能有。爲桓五年從王伐鄭張本。鄭息有違言，以言語相違恨。息侯伐鄭，鄭伯與戰于竟，息師大敗而還。息國。汝南新息縣。竟音境。君子是以知息之將亡也。不度德，鄭莊賢。度待洛反。不量力，息國弱。不親親，鄭息同姓之國。不徵辭，言語相恨。當明徵其辭以審曲直。不宜輕鬭。犯五不韙而以伐人，其喪師也，不亦宜乎。韙，是也。韙，韋鬼反。喪，息浪反。冬十月，鄭伯以虢師伐宋。壬戌，大敗宋師。

以報其入鄭也。入鄭在十年宋不告命。故不書。凡諸侯有命。告則書。不然則否。命者。國之大事政令也。承其告辭。史乃書之于策。若所傳聞行言。非將君命。則記在簡牘而已。不得記於典策。此蓋周禮之舊制師出臧否。亦如之。臧否。謂善惡得失也。滅而告敗。勝而告克。此皆互言。不須兩告乃書。○否音鄙。又方九反雖及滅國。滅不告敗。勝不告克。不書于策。羽父請殺桓公。將以求大宰。大宰。官名。○大音泰公曰。爲其少故也。吾將授之矣。授桓位。○爲于僞反。少詩照反使營菟裘。吾將老焉。菟裘。魯邑。

在泰山梁父縣南。不欲復居魯朝。故别營外邑。○菟兔都反羽父懼。反譖公于桓公。而請弑之。公之爲公子也。與鄭人戰于狐壤。止焉。內諱獲。故言止。狐壤。鄭地。○譖側鴆反鄭人囚諸尹氏。尹氏。鄭大夫賂尹氏。而禱於其主鍾巫。主。尹氏所主祭遂與尹氏歸。而立其主。立鍾巫於魯十一月。公祭鍾巫。齊于社圃。社圃。園名。○圃音補館于寪氏。館舍也。寪氏。魯大夫。○寪于委反壬辰。羽父使賊弑公于寪氏。立桓公。而討寪氏。有死者。欲以弑君之罪加寪氏。而復不能正

法誅之。傳言進退無據

不書葬。不成喪也桓弒隱篡立。故喪禮不成

春秋經傳集解隱公第一

相臺岳氏刻
梓荊谿家塾

舉人臣吳鼎雯敬書

春秋卷一考證

隱公元年鄭伯克段於鄢註鄢今潁川鄢陵縣○上鄢字閣本作鄭訛

傳其是之謂乎註皆不與今說詩者同○皆不　武英殿註疏本閣本杜林合註本作不皆案傳所引詩與今說詩家雖不必盡同亦不必盡不同則作不皆義始圓活

及宋人盟於宿始通也註故傳直言其歸趣而已○歸趣　殿本閣本作歸宿亦通但序原文則本作趣

二年傳費庈父勝之○庈他本作庈案玉篇庈音琴人

名㝏音靈懸通貌兩字義别以音義中音琴證之當作㝏

四年傳公及宋公遇於清○宋公　殿本閣本俱作宋人案與魯公相遇不當言人况經文本作宋公應從原本

七年戎伐凡伯於楚丘註在濟陰成武縣西南○成武諸本並作城武案後漢郡國志成武屬濟陰郡原作成後人乃加土傍

九年公會齊侯於防註防魯地在琅邪華縣東南○殿本閣本作琅邪縣東南無華字案晉時有琅邪國

無琅邪縣又案華縣漢屬泰山郡後漢幷入費縣晉復置屬琅邪國諸本並脫誤

十年翬帥師會齊人鄭人伐宋註明翬專行非鄭之謀也。鄭之謀當作鄧之謀案傳稱公及齊侯鄭伯會於鄧爲師期以伐宋是鄧之謀原約三君親行今翬不待命而專行齊鄭以公不至別使微者從之是與會鄧時所約異矣故註云非鄧之謀原本鄭字乃鄧字之譌依 殿本改正

傳宋人衞人入鄭註宋衞奇兵乘虛入鄭。案此乘字訓因也即孟子不如乘勢之乘他本作承於義未合

春秋經傳集解桓公第二

桓公名軌。惠公之子。隱公之弟。母仲子。史記名允。諡法。辟土服遠曰桓。

盡十八年

經。元年。春。王正月。公即位。嗣子位定於初喪。而改元必須踰年者。繼父之業。成父之志。不忍有變於中年也。諸侯每首歲必有禮於廟。諸遭喪繼位者。因此而改元正位。百官以序。故國史亦書即位之事於策。桓公篡立。而用常禮。欲自同於遭喪繼位者。釋例論之備矣。○篡初患反

三月。公會鄭伯于垂。鄭伯以璧假許田。夏。四月。丁未。公及鄭伯盟于

越公以篡立而脩好於鄭。鄭因而迎之。成禮于垂。終易二田。然後結盟。垂。犬丘。衛地也。越。近垂地名。鄭求祀周公。魯聽受祊田。令鄭廢泰山之祀。知其非禮。故以璧假爲文。時之所隱。○祊百庚反秋。大水。書災也。傳例曰。凡平原出水爲大水冬。十月。

傳元年春。公即位。脩好于鄭。鄭人請復祀周公。卒易祊田。○事在隱八年○復扶又反公許之。三月。鄭伯以璧假許田。爲周公祊故也。魯不宜聽鄭祀周公。又不宜易取祊田。犯二不宜以動。故隱其實。不言祊。稱璧假。言若進璧以假田。非久易也。○爲于僞反夏四月。丁未。公及鄭伯盟于越。結祊成也結成。易二田之事也。傳以經不書祊，故獨見祊。○見，賢遍反。盟曰：「渝盟無享國。」渝，變也。秋，大水。凡平原出水爲大水。廣平曰原。冬，鄭伯拜盟。鄭伯若自來，則經不書；若遣使，則當言鄭人，不得稱鄭伯，疑謬誤。宋華父督見孔父之妻于路，華父督，宋戴公孫也。孔父嘉，孔子六世祖。○華，戶化反。目逆而送之，曰：「美而豔。」色美曰豔。○豔，以贍反。

經二年春王正月戊申，宋督弒其君與夷及其大夫孔父。稱督以弒，罪在督也。孔父稱名者，內不能治其閨門，外取怨於

民身死而禍及其君

滕子來朝無傳。隱十一年稱侯。今稱子者。蓋時王所黜

三月。公會齊侯陳侯鄭伯于稷。以成宋亂成平也。宋有弑君之亂。故爲會欲以平之。稷。宋地

夏四月。取郜大鼎于宋。戊申。納于大廟宋以鼎賂公。大廟。周公廟也。始欲平宋之亂。終於受賂。故備書之。戊申。五月十日。郜古報反。大音泰

秋七月。杞侯來朝公即位而來朝

蔡侯鄭伯會于鄧潁川召陵縣西南有鄧城

九月。入杞不稱主帥。微者也。弗地曰入。帥所類反。或作師

公及戎盟于唐。冬。公至自唐傳例曰。告于廟也。特相會。故致地也。凡公行。還不書至者

皆不告廟也。隱不書至。謙不敢自同於正君。書勞策勳

傳。二年春。宋督攻孔氏。殺孔父而取其妻。公怒。督懼。遂弒殤公。君子以督爲有無君之心。而後動於惡雖有君。若無也。故先書弒其君。會于稷。以成宋亂。爲賂故。立華氏也經稱平宋亂者。蓋以魯君受賂立華氏。貪縱之甚。惡其指斥。故遠言始與齊陳鄭爲會之本意也。傳言爲賂故立華氏。明經本書平宋亂。爲公諱。諱在受賂立華氏也。猶璧假許田。爲周公祊故。所謂婉而成章。督未死而賜族。督之妄也。○爲賂。于僞反

宋殤公立。十年十一戰

殤公以隱四年立。十一戰皆在隱公世民不堪命。孔父嘉爲司馬。督爲大宰。故因民之不堪命。先宣言曰。司馬則然。言公之數戰。則司馬使爾。嘉。孔父字。○數音朔已殺孔父而弑殤公。召莊公于鄭而立之。以親鄭。莊公。公子馮也。隱三年出居于鄭。馮入宋不書。不告也。○馮皮冰反以郜大鼎賂公。郜國所造器也。故繫名於郜。濟陰成武縣東南有北郜城齊陳鄭皆有賂。故遂相宋公。夏四月。取郜大鼎于宋。戊申。納于大廟。非禮也。臧哀伯諫曰臧哀伯。魯大夫。僖伯之子君人者將昭德塞違以臨照百官猶懼或失之故昭令德以示子孫是以清廟茅屋以茅飾屋著儉也清廟肅然清靜之稱也○稱尺證反大路越席大路玉路祀天車也越席結草○越戶括反大羹不致大羹肉汁不致五味粢食不鑿黍稷曰粢不精鑿○粢音咨食音嗣鑿子洛反精米也字林作毇子沃反云糲米一斛舂爲八斗昭其儉也此四者皆示儉袞冕黻珽袞畫衣也冕冠也黻韋韠以蔽膝也○珽玉笏也若今吏之持簿○珽他頂反韠音必簿步古反徐廣云持簿手版也帶裳幅舄帶革帶也衣下曰裳幅若今行縢者舄複履○幅音逼縢徒登反複音福

衡紞紘綖衡。維持冠者。紞。冠之垂者。紘。纓從下而上者。綖。冠上覆。○紞多敢反紘獲耕反綖音延。字林弋善反昭其度也尊卑各有制度藻率鞞鞛藻率。以韋爲之。所以藉玉也。王五采。公侯伯三采。子男二采。鞞。佩刀削上飾。鞛。下飾。○率劣戌反鞞補頂反鞛布孔反削仙妙反鞶厲游纓鞶。紳帶也。一名大帶。厲。大帶之垂者。游。旌旗之游。纓。在馬膺前。如索帬。○鞶步干反游音留索悉各反昭其數也尊卑各有數火龍黼黻火。畫火也。龍。畫龍也。白與黑謂之黼。形若斧。黑與青謂之黻。兩已相戾昭其文也以文章明貴賤五色比象昭其物也車服器械之有五色。皆以比象天地四方。以示器物不虛設。○比弁是反錫鸞和鈴，昭其聲也。錫在馬額，鸞在鑣，和在衡，鈴在旂，動皆有鳴聲。○〔錫〕音揚。馬面當盧。三辰旂旗，昭其明也。三辰，日月星也。畫於旂旗，象天之明。夫德，儉而有度，登降有數。登降，謂上下尊卑。文物以紀之，聲明以發之，以臨照百官。百官於是乎戒懼，而不敢易紀律。今滅德立違，謂立華督違命之臣。而寘其賂器於大廟，以明示百官，百官象之，其又何誅焉？國家之敗，由官邪也。官之失德，寵賂章也。郜鼎在廟，章孰甚焉？武王克商。遷九鼎于雒邑九鼎。殷所受夏九鼎也。武王克商。乃營雒邑而後去之。又遷九鼎焉。時但營洛邑。未有都城。至周公乃卒營雒邑。謂之王城。即今河南城也。故傳曰。成王定鼎于郟鄏。○雒音洛義士猶或非之蓋伯夷之屬而況將昭違亂之賂器於大廟。其若之何。公不聽。周內史聞之曰。臧孫達其有後於魯乎。君違。不忘諫之以德內史。周大夫官也。僖伯諫隱觀魚。其子哀伯諫桓納鼎。積善之家。必有餘慶。故曰其有後於魯秋。七月。杞侯來朝。不敬。杞侯歸。乃謀伐之。蔡侯。鄭伯會于鄧。始懼楚也楚國。今南郡江陵縣北。紀南城也。楚武王始僭號稱王。欲害中國。蔡鄭姬姓。近楚。故懼而會謀九月。入杞。討不敬也。公及戎盟于唐。脩舊好也惠隱之好冬。公至自唐。告于廟也。凡公行。告于宗廟。反行。飲至。舍爵。策勳焉。禮也爵。飲酒器也。既飲置爵。則書勳勞於策。言速紀有功也。○舍音赦。置也。舊音捨特相會。往來稱地。讓事也特相會。公與一國會也。會必有主。二人獨會。則莫肯爲主。兩讓。會事不成。故但書地自參以上。則往稱地。來稱會。成事也成會事。○參七南反。一音三初。晉穆侯之夫人姜氏。以條之役生大子。命之曰仇。條。晉地。大子。文侯也。意取於戰相仇怨。其弟以千畝之戰生。命之曰成師。桓叔也。西河界休縣南有地名千畝。意取能成其衆。師服曰異哉君之名子也。師服。晉大夫。夫名以制義。名之必可言也。義以出禮。禮從義出。禮以體政。政以禮成。政以正民。是以政成而民聽。易則生亂。反易禮義。則亂生也。嘉耦曰妃。怨耦曰仇。古之命也。自古有此言。〔耦〕五口反〔妃〕芳菲反今君命大子曰仇。弟曰成師。始兆亂矣。兄其替乎。穆侯愛少子桓叔。俱取於戰以爲名。所附意異。故師服知桓叔之黨。必盛於晉。以傾宗國。故因名以諷諫。

惠之二十四年。晉始亂。故封桓叔于曲沃惠魯惠公也。晉文侯卒。子昭侯元年。危不自安。封成師爲曲沃伯。靖侯之孫欒賓傅之靖侯。桓叔之高祖父。言得貴寵公孫爲傳相。○靖才井反。欒力官反。師服曰。吾聞國家之立也。本大而末小。是以能固。故天子建國立諸侯也。諸侯立家卿大夫稱家。卿置側室側室。衆子也。得立此一官。大夫有貳宗適子爲小宗。次者爲貳宗。以相輔貳。士有隸子弟士卑。自以其子弟爲僕隸。庶人工商各有分親皆有等衰庶人無復尊卑。以親疏爲分別也。衰。殺也。分扶問反。又如字。親七刃反。又如字是以民服事其上而下無覬覦下不冀望上位。覬音冀。覦羊朱反今晉甸侯也。而建國本既弱矣。其能久乎諸侯而在甸服者惠之三十年。晉潘父弒昭侯而納桓叔。不克潘父。晉大夫也。昭侯。文侯子晉人立孝侯昭侯子也惠之四十五年。曲沃莊伯伐翼。弒孝侯莊伯。桓叔子。翼。晉國所都翼人立其弟鄂侯。鄂侯生哀侯鄂侯以隱五年奔隨。其年秋。王立哀侯于翼哀侯侵

陘庭之田陘庭翼南鄙邑○陘音刑陘庭南鄙啓曲沃伐翼

經三年春正月公會齊侯于嬴經之首時必書王明此歷天王之所班也其或廢法違常失不班歷故不書王○嬴齊邑今泰山嬴縣○經三年正月從此盡十七年皆無王唯十年有二傳以爲義或有王字者非嬴音盈夏齊侯衞侯胥命于蒲申約言以相命而不歃血也蒲衞地在陳留長垣縣西南○歃所洽反六月公會杞侯于郕秋七月壬辰朔日有食之既無傳既盡也歷家之說謂日光以望時遙奪月光故月食日月

同會。月奄日。故日食。食有上下者。行有高下。日光輪存而中食者。相奄密。故日光溢出。皆既者。正相當而相奄間疏也。然聖人不言月食日。而以自食爲文者。闕於所不見。

公子翬如齊逆女禮。君有故。則使卿逆。

九月。齊侯送姜氏于讙讙。魯地。濟北蛇丘縣西有下讙亭。已去齊國。故不言女。未至於魯。故不稱夫人。○讙呼端反 蛇以支反

公會齊侯于讙無傳

夫人姜氏至自齊無傳。告於廟也。不言翬以至者。齊侯送之。公受之於讙。

冬。齊侯使其弟年來聘

有年無傳。五穀皆熟書有年。

傳三年。春。曲沃武公伐翼。次于陘庭。韓萬御

戎梁弘爲右 武公曲沃莊伯子也韓萬莊伯弟也御戎僕也右戎車之右

逐翼侯于汾隰 汾隰汾水邊〇汾扶云反 驂絓而止 驂騑馬〇驂音參絓音畫

夜獲之及欒共叔 共叔桓叔之傅欒賓之子也身傅翼侯父子各殉所奉之主故并見獲而死

會于嬴成昏于齊也 公不由媒介自與齊侯會而成昏非禮也

夏齊侯衛侯胥命于蒲不盟也

公會杞侯于郕杞求成也 二年入杞故今來求成

秋公子翬如齊逆女修先君之好故曰公子 昏禮雖奉時君之命其言必稱先君以爲禮辭故公子翬逆女傳稱修先君之好公子遂

逆女。傳稱尊君命。互舉其義齊侯送姜氏。非禮也。凡公女嫁于敵國。姊妹則上卿送之。以禮於先君。公子則下卿送之。於大國。雖公子亦上卿送之。於天子。則諸卿皆行。公不自送。於小國則上大夫送之。冬。齊仲年來聘。致夫人也。古者女出嫁。又使大夫隨加聘問。存謙敬。序殷勤也。在魯而出。則曰致女。在他國而來。則摠曰聘。故傳以致夫人釋之芮伯萬之母芮姜惡芮伯之多寵人也。故逐之。出居于魏爲明年秦侵芮張本。芮國在馮翊臨晉縣。魏國

河東河北縣。芮如銳反。惡烏路反

經四年。春。正月。公狩于郎。冬獵曰狩。行三驅之禮。得田狩之時。故傳曰。書時。禮也。周之春。夏之冬也。田狩從夏時。郎非國內之狩地。故書地。夏。天王使宰渠伯糾來聘。宰。官。渠。氏。伯糾。名也。王官之宰。當以才授位。而伯糾攝父之職。出聘列國。故書名以譏之。國史之記。必書年以集此公之事。書首時以成此年之歲。故春秋有空時而無事者。今不書秋冬首月。史闕文。他皆放此。

傳四年。春。正月。公狩于郎。書時。禮也。郎非狩地。故唯時合禮。夏。周宰渠伯糾來聘。父在。故名。秋。秦師

侵芮敗焉小之也秦以芮小輕之故爲芮所敗冬王師秦師圍魏執芮伯以歸三年芮伯出居魏芮更立君秦爲芮所敗故以芮伯歸將欲納之

經五年春正月甲戌己丑陳侯鮑卒未同盟而書名者來赴以名故也甲戌前年十二月二十一日己丑此年正月六日陳亂故再赴赴雖日異而皆以正月起文故但書正月愼疑審事故從赴兩書○鮑步飽反夏齊侯鄭伯如紀外相朝皆言如齊欲滅紀紀人懼而來告故書天王使仍叔之子來聘仍叔天子之大夫稱仍叔之子本於父字幼弱之辭也譏使童

子出聘

葬陳桓公無傳城祝丘無傳。齊鄭將襲紀故秋。蔡人。衛人。陳人。從王伐鄭王自爲伐鄭之主。君臣之辭也。王師敗不書。不以告。○從如字。又才用反大雩傳例曰。書不時也。失龍見之時螽無傳。蚣蝑之屬。爲災。故書。○蚣相容反蝑相魚反冬。州公如曹不書奔。以朝出也。爲下實來書也。曹國。今濟陰定陶縣

傳五年春正月甲戌己丑陳侯鮑卒。再赴也。

於是陳亂。文公子佗殺大子免而代之佗。桓公弟五父也。稱文公子。明佗非桓公母弟也。免。桓公大子。○佗大何反免音問公疾病

而亂作。國人分散。故再赴。夏。齊侯。鄭伯。朝于紀。欲以襲之。紀人知之。王奪鄭伯政。鄭伯不朝。奪不使知王政秋。王以諸侯伐鄭。鄭伯禦之。王爲中軍。虢公林父將右軍。蔡人。衞人屬焉。虢公林父。王卿士。○將，子匠反。下同周公黑肩將左軍。陳人屬焉。黑肩。周桓公也。鄭子元請爲左拒。以當蔡人衞人。子元。鄭公子。拒，方陳。○拒，俱甫反。下同。陳，直覲反。下同。爲右拒。以當陳人。曰。陳亂。民莫有鬬心。若先犯之。必奔。王卒顧之。

必亂。蔡衛不枝。固將先奔。不能相枝持也 旣而萃於王卒。可以集事。從之。萃。聚也。集。成也 曼伯爲右拒。曼伯檀伯。○曼音萬 祭仲足爲左拒。原繁高渠彌以中軍奉公。爲魚麗之陳。先偏後伍。伍承彌縫。司馬法。車戰。二十五乘爲偏。以車居前。以伍次之。承偏之隙而彌縫闕漏也。五人爲伍。此蓋魚麗陳法。○麗力知反 戰于繻葛。繻葛。鄭地 ○繻音須 命二拒曰。旝動而鼓。旝。旃也。通帛爲之。蓋今大將之麾也。執以爲號令。○旝古外反。又古活反。本亦作檜。建大木。置石其上。發機以磓敵 蔡衛陳皆奔。王卒亂。鄭師合以攻之。王卒大敗。祝聃射王中肩。王亦能軍。雖軍敗身傷。猶殿而不奔。故言能軍。射食亦反。中丁仲反。殿多見反祝聃請從之。公曰。君子不欲多上人。況敢陵天子乎。苟自救也。社稷無隕多矣。鄭於此收兵自退。隕于敏反夜。鄭伯使祭足勞王。且問左右。祭足即祭仲之字。蓋名仲字仲足也。勞王問左右。言鄭志在苟免。王討之非也。勞力報反仍叔之子。弱也。仍叔之子來聘。童子將命。無速反之心。久留在魯。故經書夏聘。傳釋之於下秋。秋。大雩。書不時也。十一公傳唯此年及襄二十六年有兩秋。此發雩祭之例。欲顯天時以指事。故重言秋。異於凡事。**凡祀啓蟄而郊**言凡祀。通下三句天地宗廟之事也。啓蟄。夏正建寅之月。祀天南郊。○蟄直立反**龍見而雩**龍見。建巳之月。蒼龍宿之體。昏見東方。萬物始盛。待雨而大。故祭天。遠爲百穀祈膏雨。○見賢遍反宿音秀**始殺而嘗**建酉之月。陰氣始殺。嘉穀始熟。故薦嘗於宗廟**閉蟄而烝**建亥之月。昆蟲閉戶。萬物皆成。可薦者衆。故烝祭宗廟。釋例論之備矣**過則書**卜日有吉否。過次節則書。以譏慢也**冬淳于公如曹。度其國危。遂不復**淳于。州國所都。城陽淳于縣也。國有危難。不能自安。故出朝而遂不還。○度待洛反經六年。春。正月。寔來寔。實也。不言州公者。承上五年冬。經如曹。閒無異事。省文從可知。○寔時力反夏。四月。公會紀侯于成成。魯地。在泰山鉅平縣東南秋。八月。壬午。大閱齊爲大國。以戎事徵諸侯之戍。嘉美鄭忽。而忽欲以有功爲班。怒而訴齊。魯人懼之。故以非時簡車馬蔡人殺陳佗佗立踰年。不稱爵者。篡立未會諸侯也。傳例在莊二十二年九月。丁卯。子同生桓公子莊公也。十二公。唯子同是適夫人之長子。備用大子之禮。故史書之於策。不稱大子者。書始生也冬。紀侯來朝

傳六年。春。自曹來朝。書曰寔來。不復其國也

（亦承五年冬傳淳于公如曹也。言奔則來行朝禮。言朝則遂留不去。故變文言寔來）楚武王侵隨（隨國今義陽隨縣）使薳章求成焉（薳章。楚大夫○薳于委反）軍於瑕以待之（瑕。隨地）隨人使少師董成（少師。隨大夫。董。正也○少詩照反）鬭伯比言於楚子曰吾不得志於漢東也。我則使然（鬭伯比。楚大夫。令尹子文之父）我張吾三軍。而被吾甲兵。以武臨之。彼則懼而協以謀我。故難間也。漢東之國。隨爲大。隨張。必棄小國（張。自侈大也○張豬亮反。一如字）小國離。楚之利也。少師侈。請羸師以張之。羸。弱也。○羸劣追反熊率且比曰。季梁在。何益。熊率且比。楚大夫。季梁。隨賢臣。○率音律。且子余反鬭伯比曰。以爲後圖。少師得其君。言季梁之諫。不過一見從。隨侯卒當以少師爲計。故云以爲後圖。○二年。蔡侯鄭伯會于鄧。始懼楚。楚子自此遂盛。終於抗衡中國。故傳備言其事。以終始之王毀軍而納少師。從伯比之謀少師歸。請追楚師。隨侯將許之。信楚弱也季梁止之曰。天方授楚。楚之羸。其誘我也。君何急焉。臣聞小之能敵大也。小道大淫。所謂道。

忠於民而信於神也。上思利民忠也。祝史正辭信也（正辭不虛稱君美）今民餒而君逞欲。（逞。快也。餒奴罪反）祝史矯舉以祭。臣不知其可也（詐稱功德以欺鬼神）公曰。吾牲牷肥腯。粢盛豐備。何則不信（牲。牛羊豕也。牷。純色完全也。腯亦肥也。黍稷曰粢。在器曰盛。○牷音全。腯徒忽反）對曰。夫民。神之主也（言鬼神之情。依民而行。）是以聖王先成民。而後致力於神。故奉牲以告曰。博碩肥腯。謂民力之普存也（博。廣也。碩。大也）謂其畜之碩大蕃滋也。謂其不疾瘯蠡也。謂其備腯咸有也雖告神以博碩肥腯。其實皆當兼此四謂。民力適完。則六畜既大而滋也。皮毛無疥癬。兼備而無有所闕。○畜，吁又反。瘯，七木反。蠡，力果反。瘯瘰。皮肥也奉盛以告曰絜粢豐盛。謂其三時不害而民和年豐也三時。春夏秋奉酒醴以告曰嘉栗旨酒嘉。善也。栗。謹敬也謂其上下皆有嘉德而無違心也。所謂馨香無讒慝也馨。香之遠聞○慝，他得反故務其三時脩其五教父義母慈兄友。弟恭。子孝親其九族以致其禋祀禋。絜敬。九族謂外祖父。外祖。母從母子。及妻父。妻母。姑之子。姊妹之子。女子之子。并己之同族。皆外親。有服而異族者也於是乎民和而神降之福。故動則有成。今民各有心。而鬼神乏主。民饑餒也君雖獨豐。其何福之有。君姑脩政。而親兄弟之國。庶免於難。隨侯懼而脩政。楚不敢伐。夏。會于成。紀來諮謀齊難也齊欲滅紀。故來謀之。○難乃旦反北戎伐齊。齊侯使乞師于鄭。鄭大子忽帥師救齊。六月。大敗戎師。獲其二帥大良。少良。甲首三百。以獻於齊甲首。被甲者首。○二帥所類反少詩照反於是諸侯之大夫戍齊。齊人饋之餼生曰餼使魯爲其班。後鄭。班。次也。魯親班齊饋。則亦使大夫戍齊矣。經不書。蓋史闕文鄭忽以其有功也。怒。故有郎之師。郎師在十年公之未昏於齊也。齊侯欲以文姜妻鄭大子忽。大子忽辭。人問其故。大子曰。人各有耦。齊大非吾耦也。詩云。自求多福。詩大雅文王。言求福由己。非由人也。○妻七計反在我而已。大國何爲。君子曰。善自爲謀。言獨絜其身。謀不及國及其敢戎師也。齊侯又請妻之。欲以他女妻之固辭。人問其故。大子曰。無事於齊。吾猶不敢。今以君命奔齊之急。而受室以歸。是以師昏也。民其謂我何。言必見怪於民遂辭諸鄭伯。假父之命以爲辭。爲十一年鄭忽出奔衛傳

秋。大閱。簡車馬也。九月。丁卯。子同生。以大子生之禮舉之。接以大牢。大牢。牛羊豕也。以禮接夫人。重適也。○接如字。禮記作音捷卜士負之。士妻食之。禮。世子生。三日。卜士負之。射人以桑弧蓬矢射天地四方。卜士之妻爲乳母。○食音嗣射天地。食亦

反公與文姜宗婦命之世子生三月。君夫人沐浴於外寢。立於阼階西鄉。世婦抱子升自西階。君命之乃降。蓋同宗之婦公問名於申繻。對曰名有五有信有義有象有假有類申繻。魯大夫。繻音須以名生爲信若唐叔虞。魯公子友以德命爲義若文王名昌。武王名發以類命爲象若孔子首象尼丘取於物爲假若伯魚生。人有饋之魚。因名之曰鯉取於父爲類若子同生。有與父同者不以國國君之子。不自以本國爲名也不以官不以山川。不以隱疾隱。痛疾。患。辟不祥也不以畜牲畜牲。六畜不以器幣幣。玉帛周人以諱事神。名。終將諱之君父之名。固非臣子所斥。然禮既卒哭。以木鐸徇曰。舍故而諱新。謂舍親盡之祖。而諱新死者。故言以諱事神。名。終將諱之。自父至高祖。皆不敢斥言。○舍音捨故以國則廢名國不可易。故廢名以官則廢職。以山川則廢主改其山川之名以畜牲則廢祀名豬則廢豬。名羊則廢羊以器幣則廢禮。晉以僖侯廢司徒僖侯名司徒。廢爲中軍宋以武公廢司空武公名司空。廢爲司城先君獻武廢二山二山。具敖也。魯獻公名具。武公名敖。更以其鄉名山。○敖五羔反是以大物不

可以命。公曰。是其生也。與吾同物。命之曰同。物。類也。謂同日

冬。紀侯來朝。請王命以求成于齊。公告不能。紀微弱。不能自通於天子。欲因公以請王命。公無寵於王。故告不能

經七年春二月己亥。焚咸丘。無傳。焚。火田也。咸丘。魯地。高平鉅野縣南有咸亭。譏盡物。故書

夏。穀伯綏來朝。鄧侯吾離來朝。不揔稱朝者。各自行朝禮也。穀國在南鄉筑陽縣北。○筑音竹

傳七年春。穀伯鄧侯來朝。名。賤之也。辟陋小國。賤之。禮不足。故書名。以春來。夏乃行朝禮。故經書夏。○辟匹亦反

夏。盟向。求成

于鄭。既而背之。盟。向。二邑名。隱十一年王以與鄭。故求與鄭成。○盟音孟向傷亮反背音佩秋，鄭人、齊人、衛人伐盟向。王遷盟向之民于郟。郟，王城冬，曲沃伯誘晉小子侯殺之。曲沃伯，武公也。小子侯，哀侯子

經八年春正月己卯烝。無傳。此夏之仲月。非為過而書者。為下五月復烝見瀆也。例在五年。○見賢遍反天王使家父來聘。無傳。家父天子大夫。家氏。父字。夏五月丁丑烝。無傳秋伐邾。無傳冬十月雨雪。無傳。今八月也。書時失。○雨于付反祭公來遂逆王后

于紀。祭公，諸侯爲天子三公者。王使魯主昏。故祭公來，受命而迎也。天子無外，故因稱王后。卿不書，舉重略輕。○祭，側界反

傳八年春，滅翼。曲沃滅之。隨少師有寵。楚鬬伯比曰：可矣。讎有釁，不可失也。釁，瑕隙也。無德者寵，國之釁也。夏，楚子合諸侯于沈鹿。沈鹿，楚地。黄、隨不會。黄國，今弋陽縣。使薳章讓黄。責其不會。楚子伐隨，軍於漢淮之間。季梁請下之。下之，請服也。○下，遐嫁反。弗許而後戰，所以怒我而怠寇也。少師謂隨侯曰：必速戰。不然，

將失楚師。隨侯禦之。望楚師遙見楚師季梁曰。楚人上左。君必左君。楚君也無與王遇。且攻其右。右無良焉。必敗。偏敗。衆乃攜矣。少師曰。不當王。非敵也。弗從不從季梁謀戰于速杞。隨師敗績。隨侯逸速杞。隨地。逸。逃也鬬丹獲其戎車。與其戎右少師鬬丹。楚大夫。戎車。君所乘兵車也。戎右。車右也。寵之。故以爲右秋。隨及楚平。楚子將不許。鬬伯比曰。天去其疾矣去疾。謂少師見獲而死隨未可克也。乃盟而還。冬。王命虢仲

立晉哀侯之弟緡于晉虢仲王卿士虢公林父○緡亡巾反祭公來遂逆王后于紀禮也天子娶於諸侯使同姓諸侯爲之主祭公來受命於魯故曰禮

經九年春紀季姜歸于京師季姜桓王后也季字姜紀姓也書字者伸父母之尊夏四月秋七月冬曹伯使其世子射姑來朝曹伯有疾故使其子來朝○射姑音亦又音夜

傳九年春紀季姜歸于京師凡諸侯之女行唯王后書爲書婦人行例也適諸侯雖告魯猶不書巴子使韓服

告于楚，請與鄧爲好。韓服，巴行人。巴國在巴郡江州縣。楚子使道朔將巴客以聘於鄧。道朔，楚大夫。巴客，韓服。鄧南鄙鄾人攻而奪之幣，鄾在今鄧縣南沔水之北。○鄾音憂。殺道朔及巴行人。楚子使薳章讓於鄧，鄧人弗受。言非鄾人所攻。夏，楚使鬭廉帥師及巴師圍鄾。鬭廉，楚大夫。鄧養甥、聃甥帥師救鄾，三逐巴師，不克。二甥皆鄧大夫。○聃音男。鬭廉衡陳其師於巴師之中，以戰而北。衡，橫也。分巴師爲二部，鬭廉橫陳於其間，以與鄧師戰而僞北。北，走也。○衡如字。一音橫陳直覲反鄧人逐之背巴師而夾攻之楚師僞走。鄧師逐之。背巴師。巴師攻之。楚師自前還與戰。背音佩鄧師大敗鄾人宵潰宵。夜也秋。虢仲芮伯梁伯荀侯賈伯伐曲沃梁國在馮翊夏陽縣。荀。賈。皆國名冬。曹大子來朝。賓之以上卿。禮也諸侯之適子。未誓於天子而攝其君。則以皮帛繼子男。故賓之以上卿。各當其國之上卿。○適丁歷反享曹大子。初獻。樂奏而歎酒始獻施父曰。曹大子其有憂乎。非歎所也。施父。魯大夫。○施色豉反經。十年。春。王正月。庚申。曹伯終生卒未同盟而赴以名夏。五月。葬曹桓公無傳秋。公會衛侯于桃丘。弗遇無傳。衛侯與公爲會期。中背公。更與齊鄭。故公獨往而不相遇也。桃丘。衛地。濟北東阿縣東南有桃城冬。十有二月。丙午。齊侯。衛侯。鄭伯來戰于郎改侵伐而書來戰。善魯之用周班。惡三國討有辭。○惡，烏洛反。又烏路反

傳。十年。春。曹桓公卒終施父之言虢仲譖其大夫詹父於王虢仲。王卿士。詹父。屬大夫。○譖，側鴆反詹父有辭。以

王師伐虢。夏，虢公出奔虞。虞國在河東大陽縣。秋，秦人納芮伯萬于芮。四年圍魏所執者。初，虞叔有玉，虞叔，虞公之弟。虞公求旃。旃，之也。○旃，之然反。弗獻。既而悔之，曰：周諺有之，匹夫無罪，懷璧其罪。人利其璧，以璧爲罪。吾焉用此，其以賈害也。賈，買也。○焉音煙，賈音古。乃獻之。又求其寶劍。叔曰：是無厭也。無厭，將及我。將殺我。○厭，於鹽反。遂伐虞公，故虞公出奔共池。共池，地名，闕。○共音洪，一音恭。冬，齊、衛、鄭來戰于郎，我有辭也。初，北戎病齊（在六年）諸侯救之鄭公子忽有功焉齊人餼諸侯使魯次之魯以周班後鄭鄭人怒請師於齊齊人以衛師助之故不稱侵伐（不稱侵伐而以戰爲文明魯直諸侯曲故言我有辭以禮自釋交綏而退無敗績○綏荀佳反）先書齊衛王爵也（鄭主兵而序齊衛下者以王爵次之也春秋所以見魯猶秉周禮）

經十有一年春正月齊人衛人鄭人盟于惡曹（惡曹地闕）夏五月癸未鄭伯寤生卒（同盟於元年赴以名）

秋。七月。葬鄭莊公。無傳。三月而葬，速。九月。宋人執鄭祭仲。祭，氏。仲，名。不稱行人，聽迫脅以逐君，罪之也。行人例在襄十一年。釋例詳之。突歸于鄭。突，厲公也。爲宋所納，故曰歸。例在成十八年。不稱公子，從告也。文連祭仲，故不言鄭。鄭忽出奔衛。忽，昭公也。莊公既葬，不稱爵者，鄭人賤之，以名赴。柔會宋公、陳侯、蔡叔盟于折。無傳。柔，魯大夫未賜族者。蔡叔，蔡大夫。叔，名也。折，地闕。○折，之設反。公會宋公于夫鍾。無傳。夫鍾，郕地。○夫音扶。冬。十有二月。公會宋公于闞。無傳。闞，魯地，在東平須昌縣東南。○闞，口暫反。

傳十一年。春。齊衛鄭宋盟于惡曹宋不書經闕楚屈瑕將盟貳軫貳。軫。二國名。○屈居勿反鄖人軍於蒲騷。將與隨絞州蓼伐楚師鄖國在江夏。雲杜縣東南有鄖城。蒲騷。鄖邑。絞。國名。州國在南郡華容縣東南。蓼國今義陽棘陽縣東南湖陽城。○鄖音云騷音蕭絞古卯反莫敖患之莫敖。楚官名。即屈瑕。○敖五刀反鬬廉曰鄖人軍其郊必不誡且日虞四邑之至也虞。度也。四邑。隨絞州蓼也。邑亦國也君次於郊郢以禦四邑君。謂屈瑕也。郊郢。楚地。○郢以井反我以銳師宵加於鄖鄖有虞心而恃其城恃近其城莫有鬭志。若敗鄖師。四邑必離。莫敖曰。盍請濟師於王。盍何不也。濟。益也。對曰。師克在和不在衆。商周之不敵。君之所聞也。商紂也。周武王也。傳曰。武王有亂臣十人。紂有億兆夷人。成軍以出。又何濟焉。莫敖曰。卜之。對曰。卜以決疑。不疑何卜。遂敗鄖師於蒲騷。卒盟而還。卒盟貳軫。鄭昭公之敗北戎也。在六年齊人將妻之。昭公辭。祭仲曰。必取之。君多內寵。子無大援。將不立。三公子皆君也子突子亹子儀之母皆有寵○妻七計反亹亡匪反弗從夏鄭莊公卒初祭封人仲足有寵於莊公祭鄭地陳留長垣縣東北有祭城封人守封疆者因以所守爲氏莊公使爲卿爲公娶鄧曼生昭公故祭仲立之曼鄧姓○爲于僞反曼音萬宋雍氏女於鄭莊公曰雍姞生厲公雍氏姞姓宋大夫也以女妻人曰女○雍於恭反女尼據反姞其吉反雍氏宗有寵於宋莊公故誘祭仲而執之祭仲之如宋非會非聘見誘而以行人應命曰不立突將死亦執厲公而求賂焉祭仲與

宋人盟以厲公歸而立之秋九月丁亥昭公奔衞己亥厲公立

經十有二年春正月夏六月壬寅公會杞侯莒子盟于曲池曲池魯地魯國汶陽縣北有曲水亭秋七月丁亥公會宋公燕人盟于穀丘穀丘宋地燕人南燕大夫八月壬辰陳侯躍卒無傳厲公也十一年與魯大夫盟於折不書葬魯不會也壬辰七月二十三日書於八月從赴公會宋公于虛虛宋地○虛去魚反冬十有一月公會宋公于龜龜宋地丙戌公

會鄭伯盟于武父武父，鄭地。陳留濟陽縣東北有武父城。丙戌，衛侯晉卒。無傳。重書丙戌，非義例，因史成文也。未同盟而赴以名。十有二月，及鄭師伐宋。丁未，戰于宋。既書伐宋，又重書戰者，以見宋之無信也。莊十一年傳例曰：皆陳曰戰。尤其無信，故以獨戰爲文。

傳十二年夏，盟于曲池，平杞、莒也。隱四年，莒人伐杞，自是遂不平。

公欲平宋、鄭。秋，公及宋公盟于句瀆之丘。句瀆之丘，即穀丘也。宋以立厲公，故多責賂於鄭，鄭人不堪，故不平。○句，古侯反。瀆，音豆。宋成未可知也，故又會于虛；冬，又會于龜。

宋公辭平。故與鄭伯盟于武父宋公貪鄭賂。故與公三會。而卒辭。不與鄭平遂帥師而伐宋。戰焉。宋無信也。君子曰。苟信不繼。盟無益也。詩云。君子屢盟。亂是用長。無信也。詩小雅。言無信故數盟。數盟則情疏。情疏則憾結。故云長亂。長丁丈反楚伐絞。軍其南門。莫敖屈瑕曰。絞小而輕。輕則寡謀。請無扞采樵者以誘之。扞。衛也。樵。薪也。輕遣政反扞戶旦反從之。絞人獲三十人獲楚人也。明日。絞人爭出。驅楚役徒於山中。楚人坐其北門而覆諸山下坐猶守也。覆設伏兵而待之。○覆扶又反大敗之。爲城下之盟而還城下盟。諸侯所深恥伐絞之役楚師分涉於彭彭水在新城昌魏縣羅人欲伐之使伯嘉諜之三巡數之羅。熊姓國。在宜城縣西山中。後徙南郡枝江縣。伯嘉。羅大夫。諜伺也。巡。徧也。○數色主反

經十有三年春二月公會紀侯鄭伯己巳及齊侯宋公衛侯燕人戰齊師宋師衛師燕師敗績大崩曰敗績。例在莊十一年。或稱人。或稱師。史異辭也。衛宣公未葬。惠公稱侯

以接鄰國。非禮也。三月。葬衛宣公。無傳夏。大水。無傳秋。七月。冬。十月。無傳

傳十三年。春。楚屈瑕伐羅。鬭伯比送之。還。謂其御曰。莫敖必敗。舉趾高。心不固矣。趾。足也。遂見楚子曰。必濟師。難言屈瑕將敗。故以益師諷諫。見。賢遍反。難。乃旦反。楚子辭焉。不解其旨。故拒之。解。戶買反入告夫人鄧曼。鄧曼曰。大夫其非衆之謂。鄧曼。楚武王夫人。言伯比意不在於益衆也。其謂君撫小民以信。訓諸司以德。而威

莫敖以刑也。莫敖狃於蒲騷之役，將自用也。狃，忕也。蒲騷在十一年。○狃女久反。忕時世反。必小羅。君若不鎮撫，撫小其不設備乎。夫固謂君訓眾而好鎮撫之，撫小民以信也。○好呼報反，又如字。召諸司而勸之以令德，訓諸司以德也。見莫敖而告諸天之不假易也。諸，之也。言天不借貸慢易之人。威莫敖以刑也。○易以豉反。不然，夫豈不知楚師之盡行也。楚子使賴人追之，不及。賴國在義陽隨縣。賴人仕於楚者。○盡津忍反。此類可以意求。莫敖使徇于師曰：諫者有刑。徇。宣令也。(徇)音殉及鄖。亂次以濟鄖水在襄陽宜城縣入漢。(鄖)於晚反。又於萬反遂無次且不設備。及羅。羅與盧戎兩軍之盧戎。南蠻大敗之。莫敖縊于荒谷。羣帥囚于冶父縊自經也。荒谷。冶父。皆楚地以聽刑。楚子曰。孤之罪也。皆免之。宋多責賂於鄭立突賂鄭不堪命。故以紀魯及齊與宋衞燕戰。不書所戰。後也公後地期而及其戰。故不書所戰之地鄭人來請脩好

經十有四年。春。正月。公會鄭伯于曹脩十二年武父

之好。以曹地。曹與會。無冰。無傳。書時失。夏五。不書月。闕文。鄭伯使其弟語來盟。秋。八月。壬申。御廩災。御廩。藏公所親耕以奉粢盛之倉。天火曰災。例在宣十六年。○廩。力錦反。乙亥。嘗。先其時。亦過也。既戒日致齊。廩雖災。苟不害嘉穀。則祭不應廢。故書以示法。○先。悉薦反。冬。十有二月。丁巳。齊侯祿父卒。無傳。隱六年盟於艾。宋人以齊人。蔡人。衛人。陳人伐鄭。凡師能左右之曰以。例在僖二十六年。

傳十四年。春。會于曹。曹人致餼。禮也。熟曰饔。生曰餼。

夏。鄭子人來尋盟。且脩曹之會。子人。即弟語也。其後為子人氏。秋。八月。壬申。御廩災。乙亥。嘗。書不害也災其屋。救之則息。不及穀。故曰書不害。冬。宋人以諸侯伐鄭。報宋之戰也在十二年焚渠門。入及大逵渠門。鄭城門。逵。道方九軌。伐東郊。取牛首東郊。鄭郊。牛首。鄭邑以大宮之椽歸爲盧門之椽大宮。鄭祖廟。盧門。宋城門。告伐而不告入取。故不書。(大)音泰

經。十有五年。春。二月。天王使家父來求車。三月。乙未。天王崩無傳。桓王也夏。四月。己巳。葬齊僖公無傳五月。鄭伯突出奔蔡突既篡立。權不足以自固。又不能倚

任祭仲。反與小臣造賊盜之計。故**鄭世子忽**以自奔爲文。罪之也。例在昭三年。

復歸于鄭忽實居君位。故今還。以復其位之例爲文也。稱世子者。忽爲大子。有母氏之寵。宗卿之援。有功於諸侯。此大子之盛者也。而守介節。以失大國之助。知三公子之强。不從祭仲之言。修小善。絜小行。從匹夫之仁。忘社稷之大計。故君子謂之善自爲謀。言不能謀國也。父卒而不能自君。鄭人亦不君之。出則降名以赴。入則逆以大子之禮。始於見逐。終於見殺。三公子更立。亂鄭國者。實忽之由。復歸例在成十八年。

許叔入于許許叔。莊公弟也。隱十一年。鄭使許大夫奉許叔居許東偏。鄭莊公既卒。乃入居位。許人嘉之。以字告也。叔本不去國。雖稱入。非國逆例。

公會齊侯于艾。

邾人、牟人、葛人來朝。無傳。三人皆附庸之世子也。其君應稱名。故其子降稱人。牟國今泰山牟縣。葛國在梁國寧陵縣東北。秋九月，鄭伯突入于櫟。櫟，鄭別都也。今河南陽翟縣。未得國。直書入。無義例也。○櫟音歷。冬十有一月，公會宋公、衞侯、陳侯于袲，伐鄭。袲，宋地。在沛國相縣西南。先行會禮而後伐也。○袲，昌氏反。相，息亮反。

傳十五年春，天王使家父來求車，非禮也。諸侯不貢車服，車服，上之所以賜下。天子不私求財。諸侯有常職貢。祭仲專，鄭伯患之，使其壻雍糾殺之。將享諸郊。雍姬知之，謂其母曰：父與夫孰親？其母曰：人盡夫也，父一而已，胡可比也。（婦人在室則天父，出則天夫。女以爲疑，故母以所生爲本解之。）遂告祭仲曰：雍氏舍其室而將享子於郊，吾惑之，以告。祭仲殺雍糾，尸諸周氏之汪。（汪，池也。周氏，鄭大夫。殺而暴其尸，以示戮也。○舍音捨。汪，烏黄反。暴，步卜反。）公載以出。（愍其見殺，故載其尸共出國。）曰：謀及婦人，宜其死也。夏，厲公出奔蔡。六月乙亥，昭公入。許叔入于許。公會齊侯于艾，謀定許也。

秋。鄭伯因櫟人。殺檀伯。而遂居櫟。檀伯。鄭守櫟大夫

冬。會于袲。謀伐鄭。將納厲公也。弗克而還。

經。十有六年。春。正月。公會宋公。蔡侯。衞侯于曹。

夏。四月。公會宋公。衞侯。陳侯。蔡侯伐鄭。春既謀之。今書會者。魯諱議納不正。蔡常在衞上。今序陳下。蓋後至。

秋。七月。公至自伐鄭。用飲至之禮。故書。

冬。城向。傳曰。書時也。而下有十一月。舊說因謂傳誤。此城向亦俱是十一月。但本事異。各隨本而書之耳。經書夏叔弓如滕。五月葬滕成公。傳云五月叔弓如滕。即知但稱時者。未必與下月異也。又推校此年。閏在六月。則月

却而節前。水星可在十一月而正也。詩云定之方中作于楚宮。此未正中也。功役之事。皆摠指天象。不與言歷數同也。故傳之釋經。皆通言一時。不月別。○向失亮反定丁佞反

十有一月。衛侯朔出奔齊 惠公也。朔讒構取國。故不言二公子逐。罪之也

傳十六年春正月會于曹謀伐鄭也 前年冬謀納厲公不克。故復更謀 夏伐鄭秋七月公至自伐鄭以飲至之禮也冬城向書時也初衛宣公烝於夷姜生急子 夷姜。宣公之庶母也。上淫曰烝 屬諸右公子爲之

娶於齊而美。公取之。生壽及朔。屬壽於左公子。左右媵之子。因以爲號。○屬音燭。下同。爲于僞反。媵羊政反夷姜縊。失寵而自經死宣姜與公子朔構急子。宣姜。宣公所取急子之妻。構。會其過惡。○構古豆反。會古外反公使諸齊。使盜待諸莘。將殺之。莘。衞地。陽平縣西北有莘亭。○公使所吏反。莘所巾反壽子告之。使行。行去也不可。曰。弃父之命。惡用子矣。惡。安也。○惡音烏有無父之國則可也。及行。飲以酒。壽子載其旌以先。盜殺之。急子至。曰。我之求也。此何罪。請殺我乎。又殺之。二公子故怨惠公。十一月。左公子洩、右公子職立公子黔牟。黔牟，羣公子。【飲】於鴆反【洩】息列反【黔】其廉反惠公奔齊

經。十有七年。春。正月。丙辰。公會齊侯、紀侯盟于黃。黃，齊地。二月。丙午。公會邾儀父盟于趡。趡，魯地。稱字，義與蔑盟同。二月無丙午，丙午，三月四日也。日月必有誤。【趡】翠軌反夏五月。丙午。及齊師戰于奚。奚，魯地。皆陳曰戰。【陳】直覲反六月。丁丑。蔡侯封人卒。十一年，大夫盟于折。秋。八月。蔡季自

陳歸于蔡。季，蔡侯弟也。言歸，爲陳所納。癸巳，葬蔡桓侯。無傳。稱侯，蓋謬誤。三月而葬，速。及宋人、衛人伐邾。冬十月朔，日有食之。甲乙者，歷之紀也。晦朔者，日月之會也。日食不可以不存晦朔，晦朔須甲乙而可推，故日食必以書朔日爲例。

傳十七年春，盟于黄，平齊紀，且謀衛故也。齊欲滅紀，衛逐其君。及邾儀父盟于趡，尋蔑之盟也。蔑盟在隱元年。夏，及齊師戰于奚，疆事也。爭疆界也。於是齊人侵魯疆，疆吏來告，公曰：「疆埸之事，慎守其一，而備其不虞。虞，度也。不度，猶不意也。○埸音亦。姑盡所備焉。事至而戰，又何謁焉。齊背盟而來，公以信待，故不書侵伐。蔡桓侯卒。蔡人召蔡季于陳。桓侯無子，故召季而立之。季內得國人之望，外有諸侯之助，故書字以善得衆，稱歸以明外納。秋，蔡季自陳歸于蔡。蔡人嘉之也。嘉之，故以字告。伐邾，宋志也。邾宋爭疆，魯從宋志，背趡之盟。冬十月朔，日有食之。不書日，官失之也。天子有日官，諸侯有日御。日官、日御，典歷數者。日官居卿以底日，禮也。日官，天子掌歷者。不在六卿之數，而位從卿，故言居卿也。底。平也。謂平歷數。○底音旨日御不失日以授百官于朝日官平歷以班諸侯。諸侯奉之。不失天時。以授百官初。鄭伯將以高渠彌爲卿。昭公惡之。固諫不聽。昭公立。懼其殺己也。辛卯。弒昭公而立公子亹。公子亹。昭公弟。○惡烏路反亹音尾君子謂昭公知所惡矣。公子達曰公子達。魯大夫高伯其爲戮乎。復惡已甚矣復。重也。本爲昭公所惡。而復弒君。重爲惡也○復扶又反。一音服

經十有八年。春。王正月。公會齊侯于濼濼水在濟

桓十七年

南歷城縣西北入濟○濼盧篤力角二反公與夫人姜氏遂如齊公本與夫人俱行至濼公與齊侯行會禮故先書會濼既會而相隨至齊故曰遂夏四月丙子公薨于齊不言戕諱之也戕例在宣十八年丁酉公之喪至自齊無傳告廟也丁酉五月一日有日而無月秋七月冬十有二月己丑葬我君桓公無傳九月乃葬緩慢也

傳十八年春公將有行遂與姜氏如齊始議行事申繻曰女有家男有室無相瀆也謂之有禮易此必敗女安夫之家夫安妻之室違此則爲瀆今公將姜氏如齊故知其當

致禍亂

公會齊侯于濼。遂及文姜如齊。齊侯通焉。公謫之。謫，譴也。謫，直革反。以告。夫人告齊侯。夏四月。丙子。享公。齊侯爲公設享燕之禮。使公子彭生乘公。公薨于車。上車曰乘。彭生多力。拉公幹而殺之。乘，如字。又純證反。拉，力荅反。幹，古旦反。魯人告于齊曰。寡君畏君之威。不敢寧居。來脩舊好。禮成而不反。無所歸咎。惡於諸侯。請以彭生除之。除恥辱之惡也。齊人殺彭生。不書，非卿。秋。齊侯師于首止。陳師首止。討鄭弑君也。首止，衛地。陳留襄邑縣東南有首鄉。

子亹會之高渠彌相不知齊欲討已○相息亮反七月戊戌齊人殺子亹而轘高渠彌車裂曰轘○轘音患祭仲逆鄭子于陳而立之鄭子昭公弟子儀也是行也祭仲知之故稱疾不往人曰祭仲以知免仲曰信也時人譏祭仲失忠臣之節仲以子亹爲渠彌所立本既不正又不能固位安民宜其見除故即而然譏者之言以明本意○知音智周公欲弒莊王而立王子克莊王桓王大子王子克莊王弟子儀辛伯告王遂與王殺周公黑肩王子克奔燕辛伯周大夫初子儀有

寵於桓王。桓王屬諸周公。辛伯諫曰。竝后妾如后。（屬）音燭匹嫡庶如嫡兩政臣擅命耦國都如國亂之本也。周公弗從。故及及於難也

春秋經傳集解桓公第二

相臺岳氏刻梓荊谿家塾

舉人臣胡鈺敬書

春秋卷二考證

桓公二年傳淸廟茅屋註以茅飾屋著儉也○飾屋閣本作飭室訛

三年傳齊侯送姜氏○此傳後殿本閣本有註云齊侯送姜氏本或作送姜氏于讙云云案此乃陸氏音義中文非註也故原本不録

十三年冬十月註無傳○無傳二字殿本閣本杜林合註本俱闕

傳不書所戰後也註公後地期而及其戰○正義曰兩敵將戰必先設戰期公不及設期唯及其戰此即釋

註後地期而及其戰句　殿本閣本而字作不字是
井戰俱不及矣與釋例不合
十四年春公會鄭伯于曹註以曹地曹與會○此因經
文不書曹故註申言之　殿本閣本無下曹字則與
會二字義無所屬
十五年鄭伯突出奔蔡註突旣簒立不任蔡仲反與小
臣造賊盜之計故以自奔爲文罪之例在昭五年○
案昭五年夏莒牟夷以牟婁及防茲來奔書法與此
不同當非此例惟三年冬北燕伯款出奔齊傳曰罪
之也與鄭突事畧相仿應從此例原本五字疑即三

字之訛今改正

十八年傳齊侯師于首止註陳留襄邑縣東南有首鄉○鄉當改鄉後漢郡國志己吾縣有首鄉是也

春秋經傳集解莊公第三

莊公名同。桓公子。母文姜。謚法。勝敵克亂曰莊。

盡三十二年

經 ……月。三月。夫人孫于齊。夫人。莊公母也。魯人責之。故出奔。內諱奔。謂之孫。猶孫讓而去。孫本作遜 夏。單伯送王姬。無傳。單伯。天子卿也。單。采地。伯。爵也。王將嫁女于齊。既命魯爲主。故單伯送女。不稱使也。王姬不稱字。以王爲尊。且別於內女也。天子嫁女於諸侯。使同姓諸侯主之。不親昏。尊卑不敵。○單音善 秋。築王姬之館于外。公在諒闇。慮齊侯當親迎。

不忍便以禮接於廟。又不敢逆王命。故築舍於外。○諒音梁。又音亮迎魚敬反冬十月乙亥。陳侯林卒無傳。未同盟而赴以名王使榮叔來錫桓公命無傳。榮叔。周大夫。榮氏。叔字。錫。賜也。追命桓公。褒稱其德。若昭七年。王追命衛襄之比王姬歸于齊無傳。不書逆。公不與接齊師遷紀郱鄑郚無傳。齊欲滅紀。故徙其三邑之民。而取其地。郱在東莞臨朐縣東南。郚在朱虛縣東南。北海都昌縣西有訾城。○郱蒲丁反鄑子斯反郚音吾朐其俱反訾子斯反

傳元年。春。不稱即位。文姜出故也文姜與桓俱行。而桓

爲齊所殺。故不敢還。莊公父弑母出。故不忍行即位之禮。據文姜未還。故傳稱文姜出也。姜於是感公意而還。不書。不告廟

三月。夫人孫于齊。不稱姜氏。絕不爲親。禮也。姜氏齊姓。於文姜之義。宜與齊絕。而復奔齊。故於其奔。去姜氏以示義

秋。築王姬之館于外。爲外禮也。齊彊魯弱。又委罪於彭生。魯不能讎齊。然喪制未闋。故異其禮。得禮之變。○闋，苦穴反

經。二年春王二月。葬陳莊公。無傳。魯往會之。故書。例在昭六年

夏。公子慶父帥師伐於餘丘。無傳。於餘丘。國名也。莊公時年十五。則慶父莊公庶兄

秋七月。齊王姬卒。無傳。魯爲之主。比之

內女。

冬，十有二月，夫人姜氏會齊侯于禚。夫人行不以禮，故還皆不書不告廟也。禚，齊地。○禚，諸若反。

乙酉，宋公馮卒。無傳。再與桓同盟。○馮，皮冰反。

傳二年冬，夫人姜氏會齊侯于禚，書姦也。文姜前與公俱如齊，後懼而出奔，至此始與齊好會。會非夫人之事，顯然書之，傳曰書姦。姦在夫人。文姜比年出會，其義皆同。

經三年，春，王正月，溺會齊師伐衛。溺，魯大夫。疾其專命而行，故去氏。○溺，乃狄反。去，起呂反。

夏，四月，葬宋莊公。無傳。

五月。

葬桓王。秋。紀季以酅入于齊季。紀侯弟。酅。紀邑。在齊國東安平縣。齊欲滅紀。故季以邑入齊爲附庸。先祀不廢。社稷有奉。故書字貴之。○酅戶圭反

冬。公次于滑滑。鄭地。在陳留襄邑縣西北。傳例曰。凡師。過信爲次。兵未有所加。所次則書之。既書兵所加。則不書其所次。以事爲宜。非虛次

傳。三年。春。溺會齊師伐衛。疾之也傳重明上例

夏。五月。葬桓王。緩也以桓十五年三月崩。七月乃葬。故曰緩

秋。紀季以酅入于齊。紀於是乎始判判。分也。言分爲附庸始於此

冬。公次于滑。將會鄭伯。謀紀故也。鄭伯辭

以難厲公在櫟故。(難)乃旦反(櫟)音歷凡師一宿爲舍。再宿爲信。過信爲次。爲經書次例也。舍宿不書。輕也。言凡師。通君臣

經四年春王二月。夫人姜氏享齊侯于祝丘無傳。享。食也。兩君相見之禮。非夫人所用。直書以見其失。祝丘。魯地。(食)音嗣。又如字三月。紀伯姬卒無傳。隱二年裂繻所逆者。內女。唯諸侯夫人卒葬皆書。恩成於敵體夏。齊侯陳侯鄭伯遇于垂無傳紀侯大去其國以國與季。季奉社稷。故不言滅。不見迫逐。故不言奔。大去者。不反之辭六月。乙丑。齊侯葬紀伯姬無傳。紀季入酅。爲齊附庸。而紀侯大去其

國。齊侯加禮初附。以崇厚義。故攝伯姬之喪。而以紀國夫人禮葬之。

秋七月。

冬。公及齊人狩于禚。無傳。公越竟與齊微者俱狩。失禮可知。○狩手又反

傳。四年。春。王三月。楚武王荆尸。授師孑焉。以伐隨。尸。陳也。荆亦楚也。更爲楚陳兵之法。揚雄方言。孑者。戟也。然則楚始於此參用戟爲陳。○孑吉熱反。方言云。楚謂戟爲孑。爲陳直覲反將齊。入告夫人鄧曼曰。余心蕩。將授兵於廟。故齊。蕩動散也。○齊側皆反鄧曼歎曰。王祿盡矣。盈而蕩。天之道也。先君其知之矣。故臨武事。將發大命。而蕩王心焉。楚爲小國。僻陋

在夷至此。武王始起其衆。僭號稱王。陳兵授師。志意盈滿。臨齊而散。故鄧曼以天地鬼神爲徵應之符。若師徒無虧。王薨於行。國之福也。王薨於行。不死於敵。王遂行。卒於樠木之下。樠木。木名。○樠郎蕩反。又莫昆反。又武元反。令尹鬭祁。莫敖屈重。除道梁溠。營軍臨隨。隨人懼。行成。時祕王喪。故爲奇兵。更開直道。溠水在義陽厥縣西。東南入鄖水。梁。橋也。隨人不意其至。故懼而行成。○重直用反。一直容反。溠側嫁反。鄖音云。莫敖以王命入盟隨侯。且請爲會於漢汭而還。汭。內也。謂漢西。○汭如銳反。水曲曰汭。濟漢而後發喪。

紀侯不能下齊以與紀季不能降屈事齊盡以國與季明季不叛

夏紀侯大去其國違齊難也違辟也○難乃旦反

經五年春王正月

夏夫人姜氏如齊師無傳書姦

秋郳犂來來朝附庸國也東海昌慮縣東北有郳城犂來名○郳五兮反

冬公會齊人宋人陳人蔡人伐衛

傳五年秋郳犂來來朝名未王命也未受爵命爲諸侯傳發附庸稱名例也其後數從齊桓以尊周室王命以爲小邾子○數音朔

冬伐衛納惠公也惠公朔也桓十六年出奔齊

經六年，春，王正月，王人子突救衛。王人，王之微官也。雖官卑而見授以大事，故稱人而又稱字。夏六月，衛侯朔入于衛。朔爲諸侯所納，不稱歸而以國逆爲文，朔懼失衆心，以國逆告也。歸入例在成十八年。秋，公至自伐衛。無傳。告於廟也。螟。○螟音冥。無傳。爲災。冬，齊人來歸衛俘。公羊、穀梁經傳皆言衛寶，此傳亦言寶，唯此經言俘，疑經誤。俘，囚也。○俘，芳夫反。

傳六年，春，王人救衛。夏，衛侯入，放公子黔牟于周，放甯跪于秦，殺左公子洩、右公子職。甯跪衛大夫。宥之以遠曰放乃即位。君子以二公子之立黔牟。爲不度矣。夫能固位者。必度其本末。而後立衷焉。不知其本。不謀。知本之不枝。弗強。本末。終始也。衷。節適也。譬之樹木。本弱者其枝必披。非人力所能強成。○宥乃定反跪其毀反度待洛反。下同衷丁仲反。王音忠強其丈反披普靡反。又普加反詩云。本枝百世詩大雅言文王本枝百世俱茂。蕃滋百世也冬。齊人來歸衛寶。文姜請之也公親與齊共伐衛。事畢而還。文姜淫於齊侯。故求其所獲珍寶。使以歸魯。欲說魯以謝慙。○說音悅楚文王伐申。過鄧。鄧祁侯曰。吾甥也。祁。謚也。姊妹之子曰甥止而享之。騅甥。聃甥。養甥請殺楚子。皆鄧甥。仕於舅氏也。騅音隹鄧侯弗許。三甥曰。亡鄧國者。必此人也。若不早圖。後君噬齊。若齧腹齊。喻不可及其及圖之乎。圖之。此爲時矣。鄧侯曰。人將不食吾餘。言自害其甥。必爲人所賤對曰。若不從三臣。抑社稷實不血食。而君焉取餘。言君無復餘。焉於虔反弗從。還年。楚子伐鄧。伐申還之年十六年。楚復伐鄧。滅之。魯莊公十六年。楚終强盛。爲經書楚事張本經七年。春。夫人姜氏會齊侯于防。防。魯地。夏。四月。辛卯。夜。恒星不見。恒。常也。謂常見之星。辛卯。四月五日。月光尚微。蓋時無雲。日光不以昏没。○見。賢遍反夜中。星隕如雨。如。而也。夜半乃有雲。星落而且雨。其數多。皆記異也。日光不匿。恒星不見。而云夜中者。以水漏知之。○中。丁仲反。又如字。隕。于閔反秋。大水。無傳無麥苗。今五月。周之秋。平地出水。漂殺熟麥及五稼之苗。○漂。四妙反冬。夫人姜氏會齊侯于穀。無傳。穀。齊地。今濟北穀城縣

傳七年。春。文姜會齊侯于防。齊志也。文姜數與齊侯

會。至齊地則姦發夫人。至魯地則齊侯之志。故傳略舉二端以言之。（數）音朔夏恒星不見夜明也星隕如雨與雨偕也偕。俱也秋無麥苗不害嘉穀也黍稷尚可更種。故曰不害嘉穀

經八年春王正月師次于郎以俟陳人蔡人無傳。期共伐郕。陳蔡不至。故駐師于郎以待之甲午治兵治兵於廟。習號令。將以〔圍〕郕夏師及齊師圍郕郕降于齊師二國同討。而齊獨納郕。（降）戶江反秋師還時史善公克己復禮。全軍而還。故特書師還冬。十有一月癸未齊無知弒其君諸兒稱臣。臣之罪也。

〇兒如字。一音五兮反

傳。八年。春。治兵于廟。禮也。夏。師及齊師圍郕。郕降于齊師。仲慶父請伐齊師。齊不與魯共其功。故欲伐之公曰。不可。我實不德。齊師何罪。罪我之由。夏書曰。皋陶邁種德。夏書。逸書也。稱皋陶能勉種德。邁。勉也德乃降。姑務脩德以待時乎。言苟有德。乃爲人所降服。姑。且也秋。師還。君子是以善魯莊公傳言經所以即用舊史之文

齊侯使連稱管至父戍葵丘連稱管至父。皆齊大夫。戍。守也。

葵丘。齊地。臨淄縣西。有地名葵丘。稱尺證反。又如字瓜時而往。曰。及瓜而代。期戍。公問不至。問。命也。期音基請代。弗許。故謀作亂。僖公之母弟曰夷仲年。生公孫無知。有寵於僖公。衣服禮秩如適。適。大子。適丁歷反襄公絀之。二人因之以作亂。二人。連稱管至父。絀勑律反連稱有從妹在公宮。無寵。使閒公。伺公之閒隙。從才用反下同曰。捷吾以女爲夫人。捷。克也。宣無知之言。捷在接反女音汝

冬。十二月。齊侯游于姑棼。遂田于貝丘。姑棼。貝丘。

皆齊地。田。獵也。樂安博昌縣南有地名貝丘。○(棼)扶云反(貝)補蓋反 見大豕。從者曰。公子彭生也。公見大豕。而從者見彭生。皆妖鬼 公怒曰。彭生敢見。射之。豕人立而啼。公懼。隊于車。傷足。喪屨。反誅屨於徒人費。誅責也。○(見)賢遍反(射)食亦反(隊)直類反(喪)息浪反(費)音秘 弗得。鞭之見血。走出。遇賊于門。劫而束之。費曰。我奚御哉。袒而示之背。信之。費請先入。詐欲助賊。○(御)魚呂反(袒)音但 伏公而出。鬭死于門中。石之紛如死于階下。石之紛如。齊小臣。亦鬭死 遂入。

殺孟陽于牀（孟陽。亦小臣。代公居牀）曰非君也不類見公之足于戶下。遂弒之而立無知（經書十一月癸未。長曆推之。月六日也。傳云十二月。傳誤）初襄公立無常（政令無常）鮑叔牙曰君使民慢亂將作矣奉公子小白出奔莒（鮑叔牙。小白傅。小白。僖公庶子。○鮑步卯反）亂作管夷吾召忽奉公子糾來奔（管夷吾。召忽。皆子糾傅也。子糾。小白庶兄。來不書。皆非卿也。爲九年公伐齊納子糾。齊小白入于齊傳。○召時照反）初公孫無知虐于雍廩（雍廩。齊大夫。爲殺無知傳）

經。九年。春。齊人殺無知無知弑君而立。未列於會。故不書爵。例在成十六年。公及齊大夫盟于蔇齊亂無君。故大夫得敵於公。蓋欲迎子糾也。來者非一人。故不稱名。蔇。魯地。琅邪繒縣北有蔇亭。○蔇其器反。夏公伐齊納子糾。齊小白入于齊二公子各有黨。故雖盟而迎子糾。當須伐乃得入。又出在小白之後。小白稱入。從國逆之文。本無位。秋七月丁酉。葬齊襄公無傳。九月乃葬。亂故。八月庚申。及齊師戰于乾時。我師敗績小白既定。而公猶不退師。歷時而戰。戰遂大敗。不稱公戰。公敗諱之。乾時。齊地。時水在樂安界岐流。旱則竭涸。故曰乾時。○乾音干。九月。齊人取子糾殺之公子爲賊亂則書。齊實告殺。而書齊取殺者。時史惡齊志在譎以求管仲。非不忍其親。故極言之。惡烏路反譎古穴反冬浚洙無傳。洙水在魯城北下合泗。浚深之。爲齊備

傳九年。春。雍廩殺無知。公及齊大夫盟于蔇。齊無君也。夏公伐齊納子糾。桓公自莒先入桓公。小白秋。師及齊師戰于乾時。我師敗績。公喪戎路。傳乘而歸戎路。兵車。傳乘。乘他車。喪息浪反乘繩正反乘他。如字秦子梁子以公旗辟于下道二子公御及戎右也。以誤齊師

音。○辟音避是以皆止止。獲也鮑叔帥師來言曰子糾親也請君討之鮑叔乘勝而進軍。志在生得管仲。故託不忍之辭管召讎也請受而甘心焉管仲射桓公。故曰讎。甘心。言欲快意戮殺之乃殺子糾于生竇生竇魯地○竇音豆召忽死之管仲請囚鮑叔受之及堂阜而稅之堂阜。齊地。東莞蒙陰縣西北有夷吾亭。或曰鮑叔解夷吾縛於此。因以爲名。○稅土活反。一失銳反歸而以告曰管夷吾治於高傒高傒。齊卿高敬仲也。言管仲治理政事之才。多於敬仲。○傒音兮使相可也公從之○相息亮反經。十年。春。王正月。公敗齊師于長勺。齊人雖成列。魯以權譎稽之。列成而不得用。故以未陳爲文。例在十一年。長勺。魯地。○勺上酌反　陳直覲反　二月。公侵宋。無傳。侵例在二十九年　三月。宋人遷宿。無傳。宋強遷之。而取其地。故文異於邢遷。○強其丈反　夏六月。齊師。宋師次于郎。不言侵伐。齊爲兵主。背蒍之盟。義與長勺同　公敗宋師于乘丘。乘丘。魯地。○乘繩證反　秋。九月。荊敗蔡師于莘。荊。楚本號。後改爲楚。楚辟陋在夷。於此始通中國。然告命之辭。猶未合典禮。故不稱將帥。莘。蔡地。○莘所巾反　將子匠反　帥所類反　以蔡侯獻舞歸。獻舞蔡季　冬。

十月。齊師滅譚。譚國在濟南平陵縣西南。傳曰。譚無禮。此直釋所以見滅。經無義例。他皆放此。滅例在文十五年。譚子奔莒。不言出奔。國滅。無所出。

傳十年春。齊師伐我。不書侵伐。齊背蔇之盟。我有辭。公將戰。曹劌請見。曹劌。魯人。劌古衛反。見賢遍反。其鄉人曰。肉食者謀之。又何閒焉。肉食。在位者。閒猶與也。與音預。劌曰。肉食者鄙。未能遠謀。乃入見。問何以戰。公曰。衣食所安。弗敢專也。必以分人。對曰。小惠未徧。民弗從也。分公衣食。所惠不過左右。故曰未徧。公曰。犧牲玉帛。

弗敢加也。必以信。祝辭不敢以小為大。以惡為美。對曰。小信未孚。神弗福也。孚。大信也。公曰。小大之獄。雖不能察。必以情。必盡己情。察。審也。對曰。忠之屬也。上思利民。忠也。可以一戰。戰則請從。公與之乘。共乘兵車。○從去聲。乘繩證反。戰于長勺。公將鼓之。劌曰。未可。齊人三鼓。劌曰。可矣。齊師敗績。公將馳之。劌曰。未可。下視其轍。視車跡也。○三息暫反。又如字。登軾而望之。曰。可矣。遂逐齊師。既克。公問其故。對曰。夫戰。勇氣也。

一鼓作氣。再而衰。三而竭。彼竭我盈。故克之。夫大國難測也。懼有伏焉。恐詐奔 吾視其轍亂。望其旗靡。故逐之。旗靡轍亂。怖遽 夏。六月。齊師宋師次于郎。公子偃曰。宋師不整。可敗也。公子偃。魯大夫 宋敗。齊必還。請擊之。公弗許。自雩門竊出。蒙皐比而先犯之。雩門。魯南城門。皐比。虎皮。○比音毗 公從之。大敗宋師于乘丘。齊師乃還。蔡哀侯娶于陳。息侯亦娶焉。息嬀將歸。過蔡。蔡侯曰。吾姨也。妻之姊妹曰姨止而見之弗賓不禮敬也息侯聞之怒使謂楚文王曰伐我吾求救於蔡而伐之楚子從之秋九月楚敗蔡師于莘以蔡侯獻舞歸齊侯之出也過譚譚不禮焉及其入也諸侯皆賀譚又不至以九年入○過平聲冬齊師滅譚譚無禮也譚子奔莒同盟故也傳言譚不能及遠所以亡

經十有一年春王正月無傳夏五月戊寅公敗宋師于鄑鄑魯地傳例曰敵未陳曰敗某師○鄑子斯反秋宋大水

公使弔之。故書

冬。王姬歸于齊魯主昏。不書齊侯逆。不見公

傳。十一年。夏。宋爲乘丘之役。故侵我。公禦之。宋師未陳而薄之。敗諸鄑。凡師敵未陳曰敗某師通謂設權譎變詐以勝敵。彼我不得成列。成列而不得用。故以未陳獨敗爲文。○爲乘。于僞反。陳直覲反皆陳曰戰堅而有備。各得其所。成敗決於志力者也大崩曰敗績師徒撓敗。若沮岸崩山。喪其功績。故曰敗績。○撓乃孝反。一音乃巧反。沮在呂反。壞也。一音子餘反。岸崩謂之沮得儁曰克謂若大叔段之比。才力足以服衆。威權足以自固。進不成爲外寇强敵。退復狡壯。有二君之難。而實非二

君。克而勝之。則不言彼敗績。但書所克之名。○儁音俊覆而敗之曰取某師。覆。謂威力兼備。若羅網所掩覆。一軍皆見禽制。故以取爲文京師敗曰王師敗績于某王者無敵於天下。天下非所得與戰者。然春秋之世。據有其事。事列於經。則不得不因申其義。有時而敗。則以自敗爲文。明天下莫之得校。○校音教

秋。宋大水。公使弔焉。曰。天作淫雨。害於粢盛。若之何不弔。不爲天所愍弔對曰。孤實不敬。天降之災。又以爲君憂。拜命之辱。謝辱辱命臧文仲曰。宋其興乎。臧文仲。魯大夫禹湯罪己。其興也悖焉。

悖，盛貌。○悖，蒲忽反。一作勃。桀紂罪人，其亡也忽焉。忽，速貌。且列國有凶稱孤，禮也。列國諸侯無凶，則常稱寡人。言懼而名禮，其庶乎。言懼，罪己；名禮，稱孤。其庶，庶幾於興。○言懼而名禮絕句。既而聞之，曰：「公子御說之辭也。」宋莊公子。○御，魚呂反。說音悅。臧孫達曰：「是宜為君，有恤民之心。」冬，齊侯來逆共姬。齊桓公也。○共音恭。乘丘之役，在十年。公以金僕姑射南宮長萬，金僕姑，矢名。南宮長萬，宋大夫。○射，食亦反。長，丁丈反。公右歂孫生搏之。搏，取也。不書獲，萬時未為卿。○歂，市專反。搏音傳宋人請之宋公靳之戲而相愧曰靳魯聽其得還○靳居覲反服云恥而惡之曰靳曰始吾敬子今子魯囚也吾弗敬子矣病之萬不以爲戲而以爲已病爲宋萬弒君傳

經十有二年春王三月紀叔姬歸于酅無傳紀侯去國而死叔姬歸魯紀季自定於齊而後歸之全守節義以終婦道故繫之紀而以初嫁爲文賢之也來歸不書非寧且非大歸○酅音攜夏四月秋八月甲午宋萬弒其君捷及其大夫仇牧捷閔公不書葬亂也萬及仇牧皆宋卿仇牧稱名不警而遇賊無善事可褒冬十月宋萬出

奔陳奔例在宣十年

傳。十二年。秋。宋萬弑閔公于蒙澤蒙澤。宋地。梁國有蒙縣遇仇牧于門。批而殺之手批之也。○批普迷反。又蒲穴反。擊也遇大宰督于東宮之西。又殺之殺督不書。宋不以告。○大音泰立子游。子游。宋公子羣公子奔蕭。公子御說奔亳。蕭。宋邑。今沛國蕭縣。亳。宋邑。蒙縣西北有亳城南宮牛。猛獲。帥師圍亳。牛。長萬之子。猛獲。其黨冬。十月。蕭叔大心叔。蕭大夫名及戴。武。宣。穆。莊之族宋五公之子孫以曹師伐之。

殺南宮牛于師，殺子游于宋，立桓公。桓公御說。猛獲奔衛，南宮萬奔陳，以乘車輦其母，一日而至。乘車非兵車。駕人曰輦。宋去陳二百六十里。言萬之多力。○乘，繩證反。宋人請猛獲于衛，衛人欲勿與。石祁子曰：「不可。石祁子，衛大夫。天下之惡一也，惡於宋而保於我，保之何補？得一夫而失一國，與惡而弃好，非謀也。」宋衛本同好國。○好，呼報反。衛人歸之。亦請南宮萬于陳，以賂。陳人使婦人飲之酒，而以犀革裹之。比及宋，手足皆見。宋人皆醢之。醢，肉醬。并醢猛獲，故言皆。○請南宮長萬于陳以賂，絕句。飲，於鴆反。見，賢遍反。醢，音海。

經十有三年春，齊侯、宋人、陳人、蔡人、邾人會于北杏。北杏，齊地。○杏，户猛反。夏六月，齊人滅遂。遂國在濟北蛇丘縣東北。○蛇，音移。秋七月。冬，公會齊侯盟于柯。此柯今濟北東阿，齊之阿邑，猶祝柯今爲祝阿。○柯，古何反。

傳十三年春，會于北杏，以平宋亂。宋有弒君之亂，齊桓欲脩霸業。遂人不至。夏，齊人滅遂而戍之。戍，守也。冬，

盟于柯始及齊平也始與齊桓通好宋人背北杏之會〇背音佩

經十有四年春齊人陳人曹人伐宋背北杏會故夏單伯會伐宋既伐宋單伯乃至故曰會伐宋單伯周大夫秋七月荆入蔡入例在文十五年冬單伯會齊侯宋公衛侯鄭伯于鄄鄄衛地今東郡鄄城也齊桓脩霸業卒平宋亂宋人服從欲歸功天子故赴以單伯會諸侯爲文〇鄄音絹一音眞

傳十四年春諸侯伐宋齊請師于周齊欲崇天子故

請師。假王命以示大順。經書人。傳言諸侯。揔衆國之辭夏。單伯會之。取成于宋而還。鄭厲公自櫟侵鄭厲公以桓十五年入櫟。遂居之。櫟音歷及大陵。獲傅瑕。大陵。鄭地。傅瑕。鄭大夫傅瑕曰。苟舍我。吾請納君。與之盟而赦之。六月甲子。傅瑕殺鄭子及其二子而納厲公鄭子。莊四年稱伯會諸侯。今見殺。不稱君無謚者。微弱。臣子不以君禮成喪告諸侯。舍音捨初。內蛇與外蛇鬭於鄭南門中。內蛇死。六年而厲公入。公聞之。問於申繻曰。猶有妖乎。對曰。人之所忌。其氣燄以取之。妖由人興也。尚書洛誥。無若火始燄燄。未盛而進退之時。以喻人心不堅正。○繻音須人無釁焉。妖不自作。人棄常則妖興。故有妖。厲公入。遂殺傅瑕。使謂原繁曰。傅瑕貳。言有二心於己。○釁許靳反周有常刑。既伏其罪矣。納我而無二心者。吾皆許之上大夫之事。吾願與伯父圖之。上大夫。卿也。伯父。謂原繁。疑原繁有二心且寡人出。伯父無裏言。無納我之言入。又不念寡人。不親附己寡人憾焉。對曰。先君桓公命我先人典司宗祏桓公。鄭始受封君也。宗祏。宗廟中藏主石室。言己世爲宗廟守臣。祏音石。守手又反社稷有主而外其心。其何貳如之。苟主社稷。國內之民。其誰不爲臣。臣無二心。天之制也。子儀在位十四年矣。子儀鄭子也而謀召君者。庸非貳乎。庸。用也莊公之子。猶有八人。若皆以官爵行賂勸貳而可以濟事。君其若之何。臣聞命矣。乃縊而死。莊公子猶有八人。傳唯見四人。子忽。子亹。子儀。並死。獨厲公在。八人名字。記傳無聞蔡哀侯爲莘故繩息嬀以語楚子莘役在十年。繩譽也。○爲莘于僞反。語魚據反。繩食承反。楚子如息以食入享遂滅息僞設享食之具。○食音嗣。以息嬀歸生堵敖及成王焉未言未與王言。○堵丁古反。楚子問之對曰吾一婦人而事二夫。縱弗能死其又奚言楚子以蔡侯滅息遂伐蔡。欲以說息嬀。○說音悅。秋七月楚入蔡君子曰商書所謂惡之易也如火之燎于原不可鄉邇其猶可撲滅者其如蔡哀侯乎商書盤庚。言惡易長而難滅。

冬會于鄄宋服故也

經十有五年春齊侯宋公陳侯衛侯鄭伯會于鄄夏夫人姜氏如齊無傳夫人文姜齊桓公姊妹父母在則禮有歸寧沒則使卿寧秋宋人齊人邾人伐郳宋主兵故序齊上郳五兮反鄭人侵宋冬十月

傳十五年春復會焉齊始霸也始為諸侯長復扶又反

秋諸侯為宋伐郳郳附庸屬宋而叛故齊桓為之伐郳鄭人閒之而侵宋

經十有六年春王正月。夏宋人。齊人。衛人。伐鄭。宋主兵也。班序上下。以國大小爲次。征伐則以主兵爲先。春秋之常也。他皆放此

秋荆伐鄭。冬十有二月。會齊侯。宋公。陳侯。衛侯。鄭伯。許男。滑伯。滕子。同盟于幽。書會。魯會之。不書其人。微者也。言同盟。服異也。陳國小。每盟會皆在衛下。齊桓始霸。楚亦始彊。陳侯介於二大國之間。而爲三恪之客。故齊桓因而進之。遂班在衛上。終於春秋。滑國都費。河南緱氏縣。幽。宋地。○費扶味反。又音秘。緱古侯反

郳子克卒。無傳。克。儀父名。稱子者。蓋齊桓請王命以爲諸侯。再同盟

傳十六年夏諸侯伐鄭宋故也鄭侵宋故鄭伯自櫟入在十四年緩告于楚秋楚伐鄭及櫟爲不禮故也鄭伯治與於雍糾之亂者在桓十五年○爲于僞反與音預九月殺公子閼刖強鉏二子祭仲黨斷足曰刖○閼安末反刖音月又五刮反鉏仕魚反公父定叔出奔衛共叔段之孫定謚也三年而復之曰不可使共叔無後於鄭使以十月入曰良月也就盈數焉數滿於十君子謂強鉏不能衞其足言其不能早辟害冬同盟于幽鄭

成也。王使虢公命曲沃伯以一軍爲晉侯。曲沃武公遂并晉國。僖王因就命爲晉侯。小國故一軍。初，晉武公伐夷，執夷詭諸。夷詭諸。周大夫。夷，采地名。○詭九委反。蔿國請而免之。蔿國。周大夫。○蔿于委反。既而弗報。詭諸不報施於蔿國。○施始豉反。故子國作亂。謂晉人曰：與我伐夷而取其地。使晉取夷地。遂以晉師伐夷，殺夷詭諸。周公忌父出奔虢。周公忌父。王卿士。辟子國之難。惠王立而復之。魯桓十五年。經書桓王崩。魯莊三年。經書葬桓王。自此以來。周有莊王。又有僖王。崩葬皆不見於經傳。王

室微弱。不能復自通於諸侯。故傳因周公忌父之事而見惠王。惠王立在此年之末

經。十有七年。春。齊人執鄭詹齊桓始霸。鄭既伐宋。又不朝齊。詹爲鄭執政大臣。詣齊見執。不稱行人。罪之也。行人例在襄十一年。諸執大夫。皆稱人以執之。大夫賤故○詹之廉反夏。齊人殲于遂殲。盡也。齊人戍遂。翫而無備。遂人討而盡殺之。故時史因以自盡爲文。○殲子廉反秋。鄭詹自齊逃來無傳。詹不能伏節守死。以解國患。而遁逃苟免。書逃以賤之冬。多麋無傳。麋多則害五稼。故以災書。○麋亡悲反

傳。十七年。春。齊人執鄭詹。鄭不朝也。夏。遂因

氏。頌氏。工婁氏。須遂氏。饗齊戍。醉而殺之。齊人殲焉。饗。酒食也。四族。遂之彊宗。齊滅遂。遂戍之。在十三年。○頌烏納反。又苦荅反

經。十有八年。春。王三月。日有食之。無傳。不書日。官失之。

夏。公追戎于濟西。戎來侵魯。公逐之於濟水之西。秋。有蜮。蜮。短狐也。蓋以含沙射人爲災。○蜮音或。本草謂之射工。冬。十月。

傳。十八年。春。虢公晉侯朝王。王饗醴。命之宥。王之觀羣后。始則行饗禮。先置醴酒。示不忘古。飲宴。則命以幣物。宥。助也。所以助歡敬之意。言備設。皆賜玉五瑴。馬三匹。非禮也。雙玉爲瑴。○瑴音角

王命諸侯。名位不同。禮亦異數。不以禮假人侯而與公同賜。是借人禮虢公晉侯鄭伯使原莊公逆王后于陳。陳嬀歸于京師虢晉朝王。鄭伯又以齊執其卿故。求王爲援。皆在周。倡義爲王定昏。陳人敬從。得同姓宗國之禮。故傳詳其事。不書。不告實惠后陳嬀後號惠后。寵愛少子。亂周室。事在僖二十四年。故傳於此竝正其后稱。○稱尺證反

夏。公追戎于濟西。不言其來。諱之也戎來侵魯。魯人不知。去乃追之。故諱不言其來秋。有蜮。爲災也。初。楚武王克權。使鬭緡尹之權。國名。南郡當陽縣東南有權城。鬭緡。楚大夫。○緡

亡巾反以叛。圍而殺之。緡以權叛。以叛句遷權於那處。那處。楚地。南郡編縣東南有那口城。那乃多反。處昌呂反。又昌慮反使閻敖尹之。閻敖。楚大夫及文王即位。與巴人伐申而驚其師。驚巴師巴人叛楚。而伐那處。取之。遂門于楚。攻楚城門閻敖游涌而逸。涌水在南郡華容縣。閻敖既不能守城。又游涌水而走。涌音勇楚子殺之。其族為亂。冬。巴人因之以伐楚

經十有九年。春。王正月。夏。四月。秋。公子結媵

陳人之婦于鄄。遂及齊侯宋公盟無傳。公子結。魯大夫。公羊穀梁皆以爲魯女媵陳侯之婦。其稱陳人之婦。未入國。略言也。大夫出竟。有可以安社稷利國家者。則專之可也。結在鄄。聞齊宋有會。權事之宜。去其本職。遂與二君爲盟。故備書之。本非魯公意。而又失媵陳之好。故冬各來伐

夫人姜氏如莒無傳。非父母國而往。書姦。

冬齊人。宋人。陳人。伐我西鄙無傳。幽之盟。魯使微者會。鄄之盟。又使媵臣行。所以受敵。鄙。邊邑

傳十九年春。楚子禦之。大敗於津禦巴人。爲巴人所敗。津。楚地。或曰。江陵縣有津鄉還。鬻拳弗納。遂伐黃鬻拳。楚大閽。黃

嬴姓國。今弋陽縣。○鬻音育敗黃師于踖陵。踖陵。黃地。○踖在亦反。一音七略反還及湫。有疾。南郡鄀縣東南有湫城。○湫子小反。鄀音若夏。六月庚申。卒。鬻拳葬諸夕室夕室。地名亦自殺也。而葬於絰皇絰皇。冢前闕。生守門故死不失職。○絰田結反初鬻拳強諫楚子。楚子弗從。臨之以兵。懼而從之。鬻拳曰。吾懼君以兵。罪莫大焉。遂自刖也。楚人以爲大閽。謂之大伯若今城門校尉官。○強其丈反。大伯音泰使其後掌之使其子孫常主此官君子曰。鬻拳可謂愛君矣。諫以自納於刑，刑猶不忘納君於善。（言愛君明非臣法也。楚能盡其忠愛，所以興。）初，王姚嬖于莊王，生子頹。（王姚，莊王之妾也。姚，姓也。）子頹有寵，蔿國爲之師。及惠王即位，（周惠王，莊王孫。）取蔿國之圃以爲囿。（圃，園也。囿，苑也。）邊伯之宮近於王宮，王取之。（邊伯，周大夫。）王奪子禽祝跪與詹父田，（三子，周大夫。○跪，求委反。）而收膳夫之秩。（膳夫，石速也。秩，祿也。）故蔿國、邊伯、石速、詹父、子禽祝跪作亂，因蘇氏。（蘇氏，周大夫。桓王奪其十二邑以與鄭，自此以來，遂不和。）秋，五大夫奉子頹以伐王（石速。士也。故不在五大夫數）不克出奔溫（溫。蘇氏邑）蘇子奉子頹以奔衞。衞師。燕師。伐周（燕。南燕）冬。立子頹

經。二十年。春。王二月。夫人姜氏如莒（無傳）夏。齊大災（無傳。來告以大。故書。天火曰災。例在宣十六年）秋。七月。冬。齊人伐戎（無傳）

傳。二十年。春。鄭伯和王室不克（克。能也）執燕仲父（燕仲父。南燕伯。爲伐周故）夏。鄭伯遂以王歸。王處于櫟。

秋。王及鄭伯入于鄔。鄔。王所取鄭邑。○鄔音塢遂入成周。取其寶器而還。冬。王子頹享五大夫。樂及徧舞。皆舞六代之樂鄭伯聞之。見虢叔。虢叔。虢公字曰寡人聞之。哀樂失時。殃咎必至。今王子頹歌舞不倦。樂禍也。夫司寇行戮。司寇。刑官○樂音洛君為之不舉去盛饌而況敢樂禍乎。奸王之位。禍孰大焉。臨禍忘憂。憂必及之。盍納王乎。虢公曰寡人之願也。○奸音干盍胡臘反經二十有一年。春。王正月。夏。五月。辛酉。鄭伯突卒。十六年。與魯大夫盟于幽。秋。七月。戊戌。夫人姜氏薨。無傳。薨寢。祔姑。赴於諸侯。故具小君禮書之。冬。十有二月。葬鄭厲公。無傳。八月乃葬。緩慢也。

傳二十一年。春。胥命于弭。夏。同伐王城。鄭虢相命也。弭。鄭地。弭面爾反。鄭伯將王自圉門入。虢叔自北門入。殺王子頹及五大夫。鄭伯享王于闕西辟。樂備。闕象魏也。樂備。備六代之樂。圉魚呂反。辟蒲歷反。王與之武公之略自虎牢以東略，界也。鄭武公傅平王，平王賜之自虎牢以東。後失其地，故惠王今復與之。虎牢，河南成皋縣。原伯曰：鄭伯效尤，其亦將有咎。原伯，原莊公也。言效子穨舞徧樂。五月，鄭厲公卒。王巡虢守，巡守於虢國也。天子省方，謂之巡守。○守音狩。虢公爲王宮于玤，玤，虢地。○玤，蒲項反。王與之酒泉。酒泉，周邑。鄭伯之享王也，王以后之鞶鑑予之。后，王后也。鞶帶而以鑑爲飾也。今西方羌胡猶然。古之遺服。○鞶，步干反。虢公請器，王予之爵。爵，飲酒器。鄭伯由是始惡於王。爲僖二十四年鄭執王使張本。○惡，烏路

反

冬。王歸自虢傳言王之偏也

經。二十有二年。春。王正月。肆大眚無傳。赦有罪也。易稱赦過宥罪。書稱眚災肆赦。傳稱肆眚圍鄭。皆放赦罪人。盪滌衆故。以新其心。有時而用之。非制所常。故書。眚所景反

癸丑。葬我小君文姜無傳。反哭成喪。故稱小君

陳人殺其公子御寇宣公大子也。陳人惡其殺大子之名。故不稱君父。以國討公子告。御音禦

夏五月。秋七月。丙申。及齊高傒盟于防無傳。高傒。齊之貴卿。而與魯之微者盟。齊桓謙接諸侯。以崇霸業

冬。公如齊納幣無傳。公不使卿。而親納幣。非禮也。母喪未再朞

而圖昏。二傳不見所譏。左氏又無傳。失禮明故

傳。二十二年。春。陳人殺其大子御寇傳稱大子。以實言陳公子完與顓孫奔齊公子完顓孫。皆御寇之黨顓孫自齊來奔不書。非卿齊侯使敬仲為卿敬仲。陳公子完辭曰。羇旅之臣羇。寄也。旅。客也幸若獲宥。及於寬政宥。赦也赦其不閑於教訓。而免於罪戾。弛於負擔弛。去離也君之惠也。所獲多矣。敢辱高位。以速官謗敢。不敢也請以死告以死自誓詩云。翹翹車乘。招我

以弓。豈不欲往。畏我友朋。逸詩也。翹翹。遠貌。古者聘士以弓。言雖貧顯命。懼爲朋友所譏責。○乘繩證反使爲工正。掌百工之官飲桓公酒樂。齊桓賢之。故就其家會。據主人之辭。故言飲桓公酒。○飲於鴆反樂音洛公曰。以火繼之。辭曰。臣卜其晝。未卜其夜。不敢。君子曰。酒以成禮。不繼以淫。義也。夜飲爲淫樂以君成禮。弗納於淫。仁也。初懿氏卜妻敬仲。懿氏。陳大夫。龜曰卜。○妻七計反其妻占之。曰吉。懿氏妻是謂鳳皇于飛。和鳴鏘鏘。雄曰鳳。雌曰皇。雄雌俱飛。相和而鳴。鏘鏘然。猶敬仲夫妻相隨適齊。有聲譽有嬀之後。將育于姜。嬀。陳姓。姜。齊姓。五世其昌。竝于正卿。八世之後。莫之與京。京。大也陳厲公蔡出也姊妹之子曰出故蔡人殺五父而立之五父。陳佗也。殺陳佗在桓六年生敬仲。其少也。周史有以周易見陳侯者周大史也。少。詩照反陳侯使筮之著曰筮遇觀䷓。坤下巽上。觀。觀古亂反之否䷋坤下乾上。否。觀六四爻變而爲否曰。是謂觀國之光。利用賓于王此周易觀卦六四爻辭。易之爲書。六爻皆有變象。又有互體。聖人隨其義而論之此其代陳有國乎。不在此。其在異國。非此其身。在其子孫。光遠而自他有耀者也。坤土也。巽風也。乾天也。風爲天於土上。山也。巽變爲乾。故曰風爲天。自二至四有艮象。艮爲山。有山之材而照之以天光。於是乎居土上。山則材之所生。上有乾。下有坤。故言居土上。照之以天光。故曰觀國之光。利用賓于王。四爲諸侯。變而之乾。有國朝王之象。庭實旅百。奉之以玉帛。天地之美具焉。故曰利用賓于王。艮爲門庭。乾爲金玉。坤爲布帛。諸侯朝王陳贄幣之象。旅。陳也。

百。言物備猶有觀焉。故曰其在後乎因觀文以博占。故言猶有觀。非在己之言。故知在子孫風行而著於土。故曰其在異國乎。若在異國必姜姓也。姜大嶽之後也姜姓之先。爲堯四嶽。著直略反山嶽則配天。物莫能兩大。陳衰。此其昌乎變而象艮。故知當興於大嶽之後。得大嶽之權。則有配天之大功。故知陳必衰及陳之初亡也昭八年。楚滅陳陳桓子始大於齊桓子。敬仲五世孫陳無宇其後亡也哀十七年。楚復滅陳成子得政成子。陳常也。敬仲八世孫。陳完有禮於齊。子孫世不忘德。德協於卜。故傳備言其終始。卜筮者。聖人所以定猶豫。決疑似。因生義教者也。尚書洪範。通龜筮以同卿士之數。南蒯卜亂而遇元吉。惠伯答以忠信則可。臧會卜僭。遂獲其應。丘明故舉諸縣驗於行事者。以示來世。而君子志其善者遠者。他皆放此。○蒯苦怪反

經。二十有三年。春。公至自齊。無傳。祭叔來聘。無傳。穀梁以祭叔爲祭公來聘魯。天子內臣。不得外交。故不言使。不與其得使聘。○祭側界反

夏。公如齊觀社。齊因祭社蒐軍實。故公往觀之。公至自齊。無傳

荆人來聘。無傳。不書荆子使某來聘。君臣同辭者。蓋楚之始通。未成其禮。公及齊侯遇于穀。無傳。○穀音谷。蕭叔朝公。無傳。蕭附庸國。叔名。

就穀朝公。故不言來。凡在外朝。則禮不得具。嘉禮不野合秋丹桓宮楹桓公廟也。楹。柱也冬十有一月曹伯射姑卒無傳。未同盟而赴以名。射示亦反。又音亦十有二月甲寅公會齊侯盟于扈無傳。扈。鄭地。在滎陽卷縣西北。扈音戶。卷音權

傳二十三年夏公如齊觀社。非禮也。曹劌諫曰不可。夫禮所以整民也。故會以訓上下之則。制財用之節貢賦多少朝以正班爵之義。帥長幼之序。征伐以討其不然不然。不用命諸侯有王

從王事　王有巡守（省四方）以大習之（大習會朝之禮）非是。君不舉矣。君舉必書（書於策）書而不法。後嗣何觀。晉桓莊之族偪（桓叔莊伯之子孫強盛。偪迫公室。○偪彼力反）獻公患之。士蔿曰。去富子。則羣公子可謀也已（士蔿。晉大夫。富子。二族之富強者。○蔿于委反。去起呂反）公曰。爾試其事。士蔿與羣公子謀。譖富子而去之（以罪狀誣之。同族惡其富強。故士蔿得因而間之。用其所親爲譖則似信。離其骨肉則黨弱。羣公子終所以見滅。○惡烏路反）秋。丹桓宮之楹。

莊二十三年

經二十有四年。春。王三月。刻桓宮桷。刻。鏤也。桷。椽也。將逆夫人。故爲盛飾。葬曹莊公無傳夏公如齊逆女親逆。禮也。秋公至自齊無傳八月。丁丑。夫人姜氏入哀姜也。公羊傳以爲姜氏要公。不與公俱入。蓋以孟任故。丁丑入。而明日乃朝廟。○要於遙反任音壬。後同戊寅。大夫宗婦覿用幣宗婦。同姓大夫之婦。禮。小君至。大夫執贄以見。明臣子之道。莊公欲奢夸夫人。故使大夫宗婦同贄俱見大水無傳冬。戎侵曹無傳曹羈出奔陳無傳。羈蓋曹世子也。先君既葬而不稱爵者。微弱不能自定。曹人以名赴赤歸于曹無傳。赤。曹僖公也。蓋爲戎

所納。故曰歸郭公無傳。蓋經闕誤也。自曹羈以下。公羊穀梁之說既不了。又不可通之於左氏。故不采用

傳。二十四年。春。刻其桷。皆非禮也并非丹楹。故言皆御孫諫曰。臣聞之。儉。德之共也。侈。惡之大也御孫。魯大夫御魚呂反先君有共德。而君納諸大惡。無乃不可乎以不丹楹刻桷爲共秋。哀姜至。公使宗婦覿用幣。非禮也傳不言大夫。唯舉非常御孫曰。男贄大者玉帛公侯伯子男執玉。諸侯世子。附庸。孤卿執帛小者禽鳥卿執羔。大

夫執鴈士執雉以章物也章所執之物別貴賤女贄不過榛栗棗脩以告虔也榛小栗脩脯虔敬也皆取其名以示敬○榛側巾反脩鍜脯加薑桂曰脩今男女同贄是無別也男女之別國之大節也而由夫人亂之無乃不可乎晉士蔿又與羣公子謀使殺游氏之二子游氏二子亦桓莊之族士蔿告晉侯曰可矣不過二年君必無患

經二十有五年春陳侯使女叔來聘女叔陳卿女氏

叔。字。(女)音汝

夏五月癸丑。衛侯朔卒無傳。惠公也。書名。十六年與內大夫盟于幽

六月辛未朔。日有食之。鼓用牲于社鼓。伐鼓也。用牲以祭社。傳例曰。非常也

伯姬歸于杞無傳。不書逆女。逆者微

秋大水。鼓用牲于社。于門門。國門也。傳例曰。亦非常也

冬公子友如陳無傳。報女叔之聘。諸魯出朝聘皆書。如不果彼國必成其禮。故不稱朝聘。春秋之常也。公子友。莊公之母弟。稱公子者。史策之通言。母弟至親。異於他臣。其相殺害。則稱弟以示義。至於嘉好之事。兄弟篤睦。非例所興。或稱弟。或稱公子。仍舊史之文也。母弟例在宣十七年

傳二十五年。春。陳女叔來聘。始結陳好也。嘉之故不名（季友相魯。原仲相陳。二人有舊。故女叔來聘。季友冬亦報聘。嘉好接備。卿以字爲嘉。則稱名其常也。）夏六月辛未朔日有食之。鼓用牲于社。非常也（非常鼓之月。長歷推之。辛未實七月朔。置閏失所。故致月錯。）唯正月之朔。慝未作（正月。夏之四月。周之六月。謂正陽之月。今書六月。而傳云唯者。明此月非正陽月也。慝。陰氣。○正音政。慝他得反）日有食之。於是乎用幣于社。伐鼓于朝（日食。歷之常也。然食於正陽之月。則諸侯用幣于社。請救於上公。伐鼓于朝。退而自責。以明陰不宜侵陽。臣不宜掩君。以示大義秋。大水。鼓用牲于社于門。亦非常也失常禮凡天災。有幣無牲天災。日月食。大水也。祈請而已。不用牲也非日月之眚。不鼓眚猶災也。月侵日爲眚。陰陽逆順之事。賢聖所重。故特鼓之○眚所景反晉士蔿使羣公子盡殺游氏之族。乃城聚而處之聚。晉邑冬。晉侯圍聚。盡殺羣公子卒如士蔿之計

經。二十有六年。春。公伐戎無傳夏。公至自伐戎無傳曹殺其大夫無傳。不稱名。非其罪。例在文七年秋。公會宋

人。齊人伐徐。無傳。宋序齊上，主兵。冬，十有二月癸亥朔，日有食之。無傳。

傳。二十六年春，晉士蒍爲大司空。大司空，卿官。夏，士蒍城絳，以深其宫。絳，晉所都也，今平陽絳邑縣。秋，虢人侵晉。冬，虢人又侵晉。爲傳明年晉將伐虢張本。此年經傳各自言其事者，或經是直文，或策書雖存而簡牘散落，不究其本末，故傳不復申解，但言傳事而已。

經。二十有七年春，公會杞伯姬于洮。伯姬，莊公女。洮，魯地。○洮，他刀反。夏，六月，公會齊侯、宋公、陳侯、鄭伯同盟于幽。秋。公子友如陳葬原仲原仲。陳大夫。原。氏。仲。字也。禮。臣既卒不名。故稱字。季友違禮會外大夫葬。具見其事。亦所以知譏。○見。賢遍反冬。杞伯姬來歸寧傳例曰莒慶來逆叔姬無傳。慶。莒大夫。叔姬。莊公女。卿自爲逆則稱字。例在宣五年杞伯來朝無傳。杞稱伯者。蓋爲時王所黜公會齊侯于城濮無傳。城濮。衛地。將討衛也

傳。二十七年。春。公會杞伯姬于洮。非事也非諸侯之事天子非展義不巡守天子巡守。所以宣布德義諸侯非民事不舉。卿非君命不越竟。○竟音境夏同盟

于幽。陳鄭服也二十二年。陳亂而齊納敬仲。二十五年。鄭文公之四年。獲成於楚。皆有二心於齊。今始服也秋。公子友如陳葬原仲。非禮也。原仲。季友之舊也。冬。杞伯姬來。歸寧也寧。問父母安否凡諸侯之女。歸寧曰來。出曰來歸歸不反之辭夫人歸寧曰如某。出曰歸于某。晉侯將伐虢。士蔿曰。不可。虢公驕。若驟得勝於我。必棄其民棄民不養之無衆而後伐之。欲禦我誰與。夫禮樂慈愛。戰所畜也。夫民讓事。樂和。愛親。

哀喪而後可用也上之使民以義讓哀樂為本言不可力強○畜勑六反下同樂音洛虢弗畜也亟戰將饑言虢不畜義讓而力戰○亟欺冀反王使召伯廖賜齊侯命召伯廖王卿士賜命為侯伯○召音邵廖力彫反且請伐衛以其立子穨也立子穨在十九年

經二十有八年春王三月甲寅齊人伐衛衛人及齊人戰衛人敗績齊侯稱人者諱取賂而還以賤者告不地者史失之夏四月丁未邾子瑣卒無傳未同盟而赴以名秋荆伐鄭公會齊人宋人救鄭冬築郿郿魯下邑傳例

曰。邑曰築。郿亡悲反○大無麥禾書於冬者。五穀畢入。計食不足。而後書也臧孫辰告糴于齊臧孫辰。魯大夫臧文仲

傳。二十八年春。齊侯伐衛。戰。敗衛師。數之以王命。取賂而還。晉獻公娶于賈。無子賈。姬姓國也烝於齊姜齊姜。武公妾生秦穆夫人。及大子申生。又娶二女於戎。大戎狐姬生重耳大戎。唐叔子孫別在戎狄者。重直龍反○小戎子生夷吾小戎。允姓之戎。子。女也晉伐驪戎。驪戎男。女以驪姬驪戎在京兆新豐縣。其君姬姓。其爵男也。

納女於人曰女。○女昵據反歸。生奚齊。其娣生卓子。驪姬嬖。欲立其子。賂外嬖梁五與東關嬖五。姓梁名五。在閨闥之外者。東關嬖五。別在關塞者。亦名五。皆大夫。為獻公所嬖幸。視聽外事使言於公曰。曲沃。君之宗也。曲沃。桓叔所封。先君宗廟所在。蒲與二屈。君之疆也。蒲。今平陽蒲子縣。二屈。今平陽北屈縣。或云二當為北。○屈求勿反。又居勿反不可以無主。宗邑無主。則民不威。疆埸無主。則啓戎心。戎之生心。民慢其政。國之患也。若使大子主曲沃。而重耳。夷吾主蒲與屈。則可以威民而懼戎。且旌君伐。旌。章也。伐。功也。使俱曰。狄之廣莫。於晉爲都。晉之啓土。不亦宜乎。廣莫。狄地之曠絕也。即謂蒲子北屈也。言遣二公子出都之。則晉方當大開土界。獻公未決。故復使二五俱說此美。晉侯說之。夏使大子居曲沃。重耳居蒲城。夷吾居屈。羣公子皆鄙。鄙。邊邑。說音悅。唯二姬之子在絳。二五卒與驪姬譖羣公子。而立奚齊。晉人謂之二五耦。二耜相耦。廣一尺。共起一伐。言二人俱共墾傷晉室若此。譖責鴆反。耜音似。廣古曠反。楚令尹子元欲蠱文夫人文王夫人。息嬀也。子元。文王弟。蠱。惑以淫事爲館於其宮側。而振萬焉振。動也。萬。舞也夫人聞之。泣曰。先君以是舞也。習戎備也。今令尹不尋諸仇讎。而於未亡人之側。不亦異乎尋。用也。婦人既寡。自稱未亡人御人以告子元御人。夫人之侍人子元曰。婦人不忘襲讎。我反忘之。秋。子元以車六百乘伐鄭。入于桔柣之門桔柣。鄭遠郊之門也。○乘繩證反。桔戶結反。柣待結反子元鬬御彊鬬梧耿之不比爲旆子元自與三子

特建旆以居前。廣充幅長尋曰旐。繼旐曰旆。○御魚呂反。彊其良反。又居良反。比并里反

鬬班。王孫游。王孫喜。殿三子在後爲反禦。○殿丁見反衆車入自純門。及逵市純門。鄭外郭門也。逵市。郭內道上市縣門不發。楚言而出。子元曰。鄭有人焉縣門施於內城門。鄭示楚以閒暇。故不閉城門。出兵而效楚言。故子元畏之。不敢進。○縣音懸諸侯救鄭。

楚師夜遁。鄭人將奔桐丘許昌縣東北有桐丘城諜告曰。楚幕有烏。乃止諜。閒也。幕。帳也冬。饑。臧孫辰告糴于齊。禮也經書大無麥禾。傳言饑。傳又先書饑在築郿上者。說始糴。經在下。須

得羅。嫌或諱饑。故曰禮。築郿。非都也。凡邑有宗廟先君之主曰都。無曰邑。邑曰築。都曰城。周禮。四縣爲都。四井爲邑。然宗廟所在。則雖邑曰都。尊之也。言凡邑。則他築非例。

經二十有九年。春。新延廄。傳例曰。書不時。言新者。皆舊物不可用。更造之辭。○廄居又反夏。鄭人侵許。傳例曰。無鐘鼓曰侵秋。有蜚傳例曰爲災。○蜚扶味反冬。十有二月。紀叔姬卒。無傳。紀國雖滅。叔姬執節守義。故繫之紀。賢而録之城諸及防。諸。防。皆魯邑。傳例曰。書時也。諸非備難而興作。傳皆重云時以釋之。他皆放此。諸。今城陽諸縣傳。二十九年。春。新作延廄。書不時也經無作字。蓋闕凡馬日中而出日中而入日中。春秋分也。治廄當以秋分。因馬向入而脩之。今以春作。故曰不時。○向許亮反夏。鄭人侵許。凡師有鐘鼓曰伐聲其罪無曰侵鐘鼓無聲輕曰襲掩其不備。○輕遣政反秋。有蜚。爲災也。凡物不爲災不書。冬。十二月。城諸及防。書時也。凡土功龍見而畢務戒事也謂今九月。周十一月。龍星。角亢。晨見東方。三務始畢。戒民以土功事。○見賢遍反。亢苦浪反。又音剛火見而致用大火。心星。次角亢。見者。致築作之物水昏正而栽謂今十月。定星昏而中。於是樹板幹而興作。○栽才代反。一音再。說文云。築牆長板。定多佞反日至而畢日南至。微陽始動。故土功息樊皮叛王樊皮。周大夫。樊其采地。皮名

經三十年春王正月。夏次于成無傳。將卑師少。故直言次。齊將降鄣。故設備。○將子匠反。降戶江反秋七月齊人降鄣無傳。鄣紀附庸國。東平無鹽縣東北有鄣城。小國孤危。不能自固。蓋齊遙以兵威脅使降附八月癸亥葬紀叔姬無傳。以賢錄也。無臣子。故不作謚九月庚午朔日有食之鼓用牲于社無傳冬公及齊侯

遇于魯濟濟水歷齊魯界。在齊界爲齊濟。在魯界爲魯濟。蓋魯地。○濟子禮反

齊人伐山戎山戎北狄

傳。三十年。春。王命虢公討樊皮。夏。四月。丙辰。虢公入樊。執樊仲皮。歸于京師。楚公子元歸自伐鄭。而處王宮。欲遂蠱文夫人鬬射師諫。則執而梏之射師。鬬廉也。足曰桎。手曰梏。○射食亦反。梏古毒反秋。申公鬬班殺子元申。楚縣。楚僭號。縣尹皆稱公鬬穀於菟爲令尹。自毀其家。以紓楚國之難鬬穀於菟。令尹子文也。毀。減。紓。緩也。○穀

奴走反。楚人謂乳曰穀。於音烏。菟音徒。紓音舒。難乃旦反。冬，遇于魯濟。謀山戎也。以其病燕故也。齊桓行霸。故欲為燕謀難。燕國。今薊縣。薊音計。

經。三十有一年，春，築臺于郎。無傳。刺奢。且非土功之時。夏，四月，薛伯卒。無傳。未同盟。築臺于薛。無傳。薛，魯地。六月，齊侯來獻戎捷。傳例曰：諸侯不相遺俘。捷，獲也。獻，奉上之辭。齊侯以獻捷禮來。故書以示過。秋，築臺于秦。無傳。東平范縣西北有秦亭。冬，不雨。無傳。不書旱。不為災。例在僖三年。

傳。三十一年。夏。六月。齊侯來獻戎捷。非禮也。凡諸侯有四夷之功。則獻于王。王以警于夷以警懼夷狄中國則否。諸侯不相遺俘雖夷狄俘。猶不以相遺

經。三十有二年。春。城小穀小穀。齊邑。濟北穀城縣城中有管仲井。大都以名通者。則不繫國夏。宋公。齊侯遇于梁丘齊善宋之請見。故進其班。梁丘在高平昌邑縣西南秋。七月。癸巳。公子牙卒牙。慶父同母弟僖叔也。飲酖而死。不以罪告。故得書卒。書日者。公有疾。不責公不與小斂

○䣱音鳩

八月癸亥。公薨于路寢。路寢。正寢也。公薨皆書其所。詳凶變。

冬十月己未。子般卒。子般。莊公大子。先君未葬。故不稱爵。不書殺。諱之也。○般音班。殺音弑。一音如字。

公子慶父如齊。無傳。慶父既弑子般。季友出奔。國人不與。故懼而適齊。欲以求援。時無君。假赴告之禮而行。

狄伐邢。無傳。邢國在廣平襄國縣。

傳三十二年。春。城小穀。爲管仲也。公感齊桓之德。故爲管仲城私邑。○爲于僞反。下同。

齊侯爲楚伐鄭之故。請會于諸侯。楚伐鄭在二十八年。謀爲鄭報楚。

宋公請先見于齊侯。

夏遇于梁丘。見音現。又如字 秋七月有神降于莘有神聲以接人。莘虢地。莘所巾反 惠王問諸內史過曰是何故也。內史過周大夫。過古禾反 對曰國之將興明神降之監其德也將亡神又降之觀其惡也故有得神以興亦有以亡虞夏商周皆有之亦有神異 王曰若之何對曰以其物享焉其至之日亦其物也享祭也若以甲乙日至祭先脾玉用蒼服上青以此類祭之 王從之內史過往聞虢請命聞虢請於神求賜土田之命 反曰虢必亡矣虐而聽於神神居莘六月虢公使祝應宗區史嚚享焉神賜之土田祝大祝宗宗人史大史應區嚚皆名○（區）音驅（嚚）五巾反史嚚曰虢其亡乎吾聞之國將興聽於民政順民心將亡聽於神求福於神神聰明正直而壹者也依人而行唯德是與虢多涼德其何土之能得涼薄也為僖二年晉滅下陽傳初公築臺臨黨氏黨氏魯大夫築臺不書不告廟○（黨）音掌見孟任從之閟孟任黨氏女閟不從公○閟音祕而以夫人言許之許以為夫人割

臂盟公生子般焉雩講于梁氏女公子觀之雩祭天也講肄也梁氏魯大夫女公子子般妹○肄音四又以二反圉人犖自牆外與之戲圉人掌養馬者以慢言戲之○犖音洛子般怒使鞭之公曰不如殺之是不可鞭犖有力焉能投蓋于稷門蓋覆也稷門魯南城門走而自投接其屋之桷反覆門上公疾問後於叔牙對曰慶父材蓋欲進其同母兄問於季友對曰臣以死奉般季友莊公母弟故欲立般公曰鄉者牙曰慶父材成季使以君命命僖叔待于

鍼巫氏成季。季友也。鍼巫氏。魯大夫。○鄉許亮反　鍼其廉反使鍼季酖之酖。鳥名。其羽有毒。以畫酒。飲之則死曰飲此則有後於魯國不然。死且無後。飲之。歸及逵泉而卒。立叔孫氏逵泉。魯地。不以罪誅。故得立後。世其祿八月。癸亥。公薨于路寢。子般即位。次于黨氏即喪位。次。舍也冬十月。己未。共仲使圉人犖賊子般于黨氏。○共仲。慶父。共音恭成季奔陳出奔不書。國亂。史失之立閔公閔公。莊公庶子。於是年八歲

春秋經傳集解莊公第三

春秋卷三考證

莊公元年齊師遷紀郱鄑郚音義鄑子斯反訾子斯反○案鄑亦作訾音義俱同故原本並子斯反　殿本閣本鄑作子靳反非是

九年九月齊人取子糾殺之註時史惡齊志在譎以求管仲○時史謂魯史也閣本作使訛

二十年傳鄭伯聞之見虢叔曰註叔虢公字○閣本監本作虢公子誤

二十五年冬公子友如陳註諸魯出朝聘皆書如○東萊集解引此魯下有大夫二字于諸字義較明晰

二十七年夏六月公會齊侯宋公陳侯鄭伯同盟于幽○殿本閣本無公字據傳例當係脱簡

二十九年城諸及防註今城陽諸縣○案諸縣漢置屬琅邪郡晉屬城陽國閣本監本脱諸字

三十年傳自毀其家註毀滅○案毀訓減乃汰減之意與説文缺也壞也義同諸本作毀滅則過甚

春秋經傳集解閔公第四

閔公名啓方。莊公之子。母叔姜。史記云名開。謚法。在國遭難曰閔

杜氏　盡二年

經。元年。春。王正月。齊人救邢。夏。六月。辛酉。葬我君莊公。秋。八月。公及齊侯盟于落姑落姑齊地季子來歸季子。公子友之字。季子忠於社稷。爲國人所思。故賢而字之。齊侯許納。故曰歸。冬。齊仲孫來仲孫。齊大夫。以事出疆。因來省難。非齊侯命。故不稱使也。還使齊侯務寧魯亂。故嘉而字之。來者事實。省難其志也。故經但書仲孫之來。而傳

尋仲孫之志

傳元年。春。不書即位。亂故也。國亂不得成禮狄人伐邢。狄伐邢在往年冬管敬仲言於齊侯曰。戎狄豺狼。不可厭也。敬仲。管夷吾。○豺士皆反厭一鹽反諸夏親暱。不可弃也。諸夏中國。暱。近也。宴安酖毒。不可懷也。以宴安比之酖毒詩云。豈不懷歸。畏此簡書。詩小雅也。文王為西伯。勞來諸侯之詩簡書。同惡相恤之謂也。同恤所惡請救邢以從簡書。齊人救邢。夏。六月。葬莊公。亂故。是以緩十一月乃葬秋八月公及齊侯盟于落姑請復季友也閔公初立。國家多難。以季子忠賢。故請霸主而復之齊侯許之。使召諸陳。公次于郎以待之非師旅之事。故不書次季子來歸。嘉之也。冬。齊仲孫湫來省難湫。仲孫名○湫子小反書曰仲孫。亦嘉之也。仲孫歸曰。不去慶父。魯難未已時慶父亦還魯○去起呂反。下同公曰。若之何而去之。對曰。難不已。將自斃斃。踣也君其待之。公曰。魯可取乎。對曰。不可。猶秉周禮。周禮所以本也臣聞之國將亡本必先顛而後枝葉從之魯不弃周禮未可動也君其務寧魯難而親之親有禮因重固能重能固則當就成之間攜貳離而相疑者則當因而間之覆昏亂也覆敗霸王之器也霸王所用故以器爲喻○王于況反晉侯作二軍晉本一軍見莊十六年公將上軍大子申生將下軍趙夙御戎畢萬爲右爲公御右也夙趙衰兄畢萬魏犫祖父○將子匠反衰初危反犫尺由反以滅耿滅霍滅魏平陽皮氏縣東南有耿鄉永安縣東北有霍大山三國皆姬姓

還爲太子城曲沃賜趙夙耿賜畢萬魏以爲大夫士蔿曰大子不得立矣分之都城而位以卿先爲之極又焉得立位以卿謂將下軍不如逃之無使罪至爲吳大伯不亦可乎大伯周大王之適子知其父欲立季歷故讓位而適吳猶有令名與其及也言雖去猶有令名勝於留而及禍且諺曰心苟無瑕何恤乎無家天若祚大子其無晉乎爲晉殺申生傳卜偃曰畢萬之後必大卜偃晉掌卜大夫萬盈數也魏大名也以

是始賞天啓之矣。天子曰兆民，諸侯曰萬民。今名之大，以從盈數，其必有衆。以魏從萬，有衆象。初，畢萬筮仕於晉，遇屯䷂震下坎上屯之比䷇坤下坎上比。屯初九變而爲比。辛廖占之，曰：吉。辛廖，晉大夫。廖，力彫反。屯固比入，吉孰大焉，其必蕃昌。屯險難，所以爲堅固；比親密，所以得入。震爲土，震變爲坤。車從馬，震爲車，坤爲馬。足居之，震爲足。兄長之，震爲長男。長，丁丈反。母覆之，坤爲母。衆歸之，坤爲衆。六體不易，初一爻變，有此六義，不可易也。合而能固。

閔元年

安而能殺公侯之封也比合屯固坤安震殺故曰公侯之封公侯之子孫必復其始畢萬公高之後傳爲魏之子孫衆多張本

經二年春王正月齊人遷陽無傳陽國名蓋齊人偪徙之

夏五月乙酉吉禘于莊公三年喪畢致新死者之主於廟廟之遠主當遷入祧因是大祭以審昭穆謂之禘莊公喪制未闋時別立廟廟成而吉祭又不於大廟故詳書以示譏○祧他彫反昭上饒反闋苦穴反

秋八月辛丑公薨實弒書薨又不地者皆史策諱之

九月夫人姜氏孫于邾哀姜外淫故孫稱姜氏○孫音遜

公子慶父出奔莒弒閔公故

冬

齊高子來盟無傳。蓋高傒也。齊侯使來平魯亂。僖公新立。因遂結盟。故不稱使也。魯人貴之。故不書名。子。男子之美稱。○美稱尺證反十有二月狄入衛書入。不能有其地。例在襄十三年。鄭弃其師高克見惡。久不得還。師潰而克奔陳。故克狀其事。以告魯也。

傳二年春虢公敗犬戎于渭汭犬戎。西戎別在中國者。渭水出隴西東入河。水之隈曲曰汭。○汭如銳反。隈烏回反舟之僑曰無德而祿殃也。殃將至矣。遂奔晉舟之僑。虢大夫。夏吉禘于莊公速也。初公傅奪卜齮田公不禁卜齮。魯大

夫也。公即位年八歲。知愛其傅。而遂成其意。以奪齮田。齮忿其傅。并及公。故慶父因之。○齮魚綺反

秋八月辛丑。共仲使卜齮賊公于武闈。宮中小門謂之闈。○共音恭

成季以僖公適邾。僖公。閔公庶兄。成風之子。

共仲奔莒。乃入立之。以賂求共仲于莒。莒人歸之。及密。使公子魚請。密。魯地。琅邪費縣北有密如亭。公子魚奚斯也

不許。哭而往。共仲曰。奚斯之聲也。乃縊。慶父之罪雖重。季子推親親之恩。欲同之叔牙。存孟氏之族。故略其罪。不書殺。又不書卒

閔公。哀姜之娣叔姜之子也。故齊人立之。共

仲通於哀姜。哀姜欲立之。閔公之死也。哀姜與知之。故孫于邾。齊人取而殺之于夷。以其尸歸。爲僖元年齊人殺哀姜傳。夷魯地。○與音預。孫音遜。僖公請而葬之。哀姜之罪已重。而僖公請其喪還者。外欲固齊以居厚。內存母子不絕之義。爲國家之大計。成季之將生也。桓公使卜楚丘之父卜之。卜楚丘。魯掌卜大夫。曰。男也。其名曰友。在公之右。在右。言用事。間于兩社。爲公室輔。兩社。周社亳社。兩社之間。朝廷執政所在。季氏亡。則魯不昌。又筮之。遇大有䷍乾下

（離上大有）之乾䷀（乾下乾上。乾。六五變而爲乾）曰同復于父敬如君所（筮者之辭也。乾爲君父。離變爲乾。故曰同復于父。見敬與君同）及生有文在其手曰友遂以命之（遂以爲名）冬十二月狄人伐衛衛懿公好鶴鶴有乘軒者（軒大夫車。好呼報反。軒許言反）將戰國人受甲者皆曰使鶴鶴實有祿位余焉能戰公與石祁子玦與甯莊子矢使守（莊子。甯速也。玦。玉玦。玦古穴反。守手又反）曰以此贊國擇利而爲之（贊。助也。玦。示以當決斷。矢。示以禦難）與夫人繡衣。曰聽於二子。取其文章順序。渠孔御戎。子伯爲右。黃夷前驅。孔嬰齊殿。傳言衛侯失民有素。雖臨事而戒。猶無所及。○殿丁練反及狄人戰于熒澤。衛師敗績。遂滅衛。此熒澤當在河北。君死國散。經不書滅者。狄不能赴。衛之君臣皆盡。無復文告。齊桓爲之告諸侯。言狄已去。言衛之存。故但以入爲文。○熒戶扃反衛侯不去其旗。是以甚敗。狄人囚史華龍滑與禮孔以逐衛人。二人曰。我大史也。實掌其祭。不先。國不可得也。夷狄畏鬼。故恐言當先白神。○去起呂反華胡化反乃先之。至則告守曰。不可待也。守。石甯二大夫。夜與國人出。狄入衛。遂從之。又敗諸河。衛將東走渡河。狄復逐而敗之。初。惠公之即位也少。蓋年十五六。齊人使昭伯烝於宣姜。不可。強之。昭伯。惠公庶兄。宣公子頑也。昭伯不可。生齊子戴公文公宋桓夫人許穆夫人。文公為衛之多患也。先適齊。及敗。宋桓公逆諸河。迎衛敗衆。宵濟。夜渡。畏狄。衛之遺民男女七百有三十人。益之以共滕之民。為五千人。共及滕。衛別邑。○共音恭。立戴公以廬于曹廬。舍也。曹。衛下邑。戴公名申。立。其年卒。而立文公許穆夫人賦載馳載馳。詩衛風也。許穆夫人痛衛之亡。思歸唁之不可。故作詩以言志齊侯使公子無虧帥車三百乘甲士三千人以戍曹無虧。齊桓公子武孟也。車甲之賦異於常。故傳別見之歸公乘馬祭服五稱牛羊豕雞狗皆三百與門材歸。遺也。四馬曰乘。衣單複具曰稱。門材。使先立門戶○稱尺證反歸夫人魚軒魚軒。夫人車。以魚皮爲飾重錦三十兩重錦。錦之熟細者。以二丈雙行。故曰兩。三十兩。三十匹也鄭人惡高克使帥師次于河上久而弗召。師潰而歸。高克奔陳。高克。鄭大夫也。好利而不顧其君。文公惡之。而不能遠。故使帥師而不召。鄭人爲之賦清人。清人。詩鄭風也。刺文公退臣不以道。危國亡師之本。晉侯使大子申生伐東山臯落氏。赤狄別種也。臯落。其氏族。里克諫曰。大子奉冢祀社稷之粢盛。里克。晉大夫。冢。大也。以朝夕視君膳者也。膳。廚膳。故曰冢子。君行則守。有守則從。從曰撫軍。守曰監國。古之制也。夫帥師專行謀。帥師者必專謀軍事。○守手又反。下同。從才用反。監古銜反。誓軍旅。宣號令也。君與國

乾隆四十八年

政之所圖也非大子之事也國政正卿師在制命
而已命將軍所制稟命則不威專命則不孝故君
之嗣適不可以帥師君失其官帥師不威將
焉用之大子統師是失其官也專命則不孝是爲帥必不威也且臣聞
皐落氏將戰君其舍之公曰寡人有子未知
其誰立焉不對而退見大子大子曰吾其廢
乎對曰告之以臨民謂居曲沃教之以軍旅謂將下軍
不共是懼何故廢乎且子懼不孝無懼弗得

立。脩已而不責人。則免於難。大子帥師。公衣之偏衣偏衣。左右異色。其半似公服。○衣之偏。於旣反。下衣身之偏。衣之純。衣之尨服同佩之金玦以金爲玦狐突御戎。先友爲右狐突。伯行。重耳外祖父也。爲申生御。申生以大子將上軍梁餘子養御罕夷。先丹木爲右罕夷。晉下軍卿也。梁餘子養爲罕夷御羊舌大夫爲尉羊舌大夫。叔向祖父也。尉。軍尉。○向許丈反先友曰。衣身之偏偏。半也握兵之要謂佩金玦將上軍在此行也。子其勉之。偏躬無慝分身衣之半。非惡意也兵要遠災威權在已。

可以遠害。遠去聲。下同。親以無災。又何患焉。狐突歎曰。時事之徵也。歎。以先友爲不知君心。衣。身之章也。章貴賤。佩。衷之旗也。旗。表也。所以表明其中心。衷音忠。故敬其事。則命以始。賞以春夏。服其身。則衣之純。必以純色爲服。用其衷。則佩之度。衷。中也。佩玉者士君子常度。今命以時卒。閟其事也。冬十二月。閟盡之時。衣之尨服。遠其躬也。尨。雜色。佩以金玦。弃其衷也。服以遠之。時以閟之。尨涼冬殺。金寒玦離。胡可恃也。寒涼殺離。言無溫潤。玦如環而

缺不連 雖欲勉之。狄可盡乎。梁餘子養曰。帥師者。受命於廟。受脤於社 脤。宜社之肉。盛以脤器。○脤市軫反 有常服矣。不獲而尨命可知也 韋弁服。軍之常也。尨。偏衣 死而不孝。不如逃之。罕夷曰。尨奇無常 雜色奇怪。非常之服 金玦不復。雖復何爲。君有心矣 有害大子之心 先丹木曰。是服也。狂夫阻之 阻。疑也。言雖狂夫。猶知有疑 曰。盡敵而反 曰。公辭。○盡子忍反。下盡敵同 敵可盡乎。雖盡敵。猶有內讒。不如違之 違。去也 狐突欲行 行。亦去也 羊舌大夫曰：不可。違命不孝，弃事不忠，雖知其寒，惡不可取，子其死之。寒，薄也。大子將戰，狐突諫曰：不可。昔辛伯諗周桓公諗，告也。事在桓十八年。○諗音審，說文云：深謀。云：內寵並后，外寵二政，嬖子配適，大都耦國，亂之本也。周公弗從，故及於難。今亂本成矣，驪姬爲內寵，二五爲外寵，奚齊爲嬖子，曲沃爲大都，故曰亂本成矣。立可必乎？孝而安民，子其圖之，奉身爲孝，不戰爲安民。與其危身以速罪也？有功益見害，故言孰與危身以召罪。成風聞成季之繇。乃事之成風。莊公之妾。僖公之母也。繇。卦兆之占辭。○繇直救反而屬。僖公焉。故成季立之。僖之元年。齊桓公遷邢于夷儀。二年。封衛于楚丘。邢遷如歸。衛國忘亡。忘其滅亡之困衛文公大布之衣。大帛之冠。大布。麤布。大帛。厚繒。蓋用諸侯諒闇之服。○諒音良。又音亮務材訓農。通商惠工。加惠於百工。賞其利器用敬教勸學。授方任能。方。百事之宜也元年革車三十乘。季年乃三百乘。衛文公以此年冬立。齊桓公始平魯亂。故傳因言齊之所以霸。衛之所由興。革車。兵車。季年。在

僖二十五年。蓋招懷迸散。故能致十倍之衆。○乘繩證反迸檗諍反

春秋經傳集解閔公第四

相臺岳氏刻梓荆谿家塾

舉人臣虞衡寳敬書

春秋卷四考證

閔公元年傳公次于郎以待之註非師旅之事故不書次。案提要伐而書次其次爲善救而書次其次爲貶書次未有不關軍旅者今傳所云公次于郎乃待季友之歸無關師旅之事故經不書也 殿本閣本脱不字則與註意背矣

二年傳晉侯使太子申生伐東山皐落氏。閣本作晉人使非

革車三十乘註蓋掐懷迸散。案迸猶離也音義必諍反閣本迸散作逬散而音義中迸字則作遜蓋輾轉

相訛耳